제가 10여 년 넘게 풀어왔던 문제집들은 개념의 나열과 문제의 반복이었고 이해도를 높이기 위한 요소는 거의 없었습니다. 그래서 여러 번 반복하여 개념을 익히게 하고 문제의 감 또한 잡을 수 있도록 하는 이 책의 흐름과 구성이 좋았습니다. 앞에서부터 차근차근 개념을 짚어주고 개념이 적용된 문제들을 여러 유형으로 제시해주는 방식이 개념을 익히는 데 있어서 굉장히 친절하다고 느꼈습니다.

– 주서희 님, 서울시 중구

소리 내어 읽으며 학습했습니다. 눈으로 읽는 것보다 조금 더 글에 집중을 하게 되더라구요. 아이가 쌤놀이를 처음에는 조금 부끄러워했는데, 시간이 지나면서 조금씩 말하듯 설명하면서 마무리했어요. 설명이 간단하고 쉬워서 처음 영문법을 접하는 아이가 이해하기 쉬워 학습에 도움이 많이 되는 것 같아요. 또한 늘 배우는 입장에만 있던 아이들이 그냥 읽고 이해하고 지나가는 것이 아니라, 자신의 말로 누군가에게 설명을 한다는 것이 참 좋았습니다. 이해를 하지 않으면 설명이 되지 않기에 아이들이 어느 부분을 이해하지 못했는지 확인이 가능하니까요. 처음 영문법을 만나는 아이에게도 부담스럽지 않고 재미있게 학습을 진행할 수 있었습니다.

– 류경진 님(초등 3학년 학부모님), 서울시 구로구

교재 내용도 좋고 학습자가 스스로 공부하기에 좋은 교재라고 생각합니다. 남자아이라 그런지 읽고 가르치듯이 하는 걸 많이 어색해했지만, 선생님처럼 가르치는 걸 즐거워하기도 했습니다. 엄마 아빠를 학생 다루

듯이 하더군요. 제스처도 하면서요. 영문법 공부만이 아니라 국어 공부도 되는 것 같았습니다.

– 도*희 님(초등 5학년 학부모님), 부산시 기장군

쌤놀이 활동을 하니 부모님이 좋아하셨다. 교재가 출간되면 이 책으로 계속 공부하고 싶다. 선생님의 낭독 MP3와 쌤놀이 샘플 동영상 설명이 있어서 좋았다. 영문법 만화책을 몇 번 읽은 게 다였는데, 베타테스트 학습을 하면서 많이 배우게 되었다.

– 최희수 님(초등 6학년 학생), 대구시 북구

내 것으로 만들어야 남에게도 알려줄 수 있다고 생각해 스스로 선생님이 되어 벽면에 대고 이야기했습니다. 베타테스트를 통해 '수 일치'를 확실하게 이해하게 되어 정말 좋았습니다. 어려웠던 부분이었는데 완전 해결되었습니다. 아주 쉽게 영어 문장을 만들 수 있게 풀어놓은 것 같습니다. 이번 베타테스트 덕분에 쓰기에서 더 자신감을 갖게 되었고, 말하기도 자신감이 더 생긴 것 같습니다.

– 최완순 님, 경기도 안산시

친근감 있는 어투로 바로 앞에서 설명해주는 듯한 느낌이 드는 책입니다. 이해하기 어려운 추상적인 개념을 가능한 한 풀어서 설명하려는 노력이 돋보이며, 질문을 먼저 던져 궁금증을 갖게 한 후 설명을 해나가는 방식이 아이의 학습 참여도를 높여주는 것 같습니다. 아이는 한글이 많아 부담감이 덜하고 설명이 딱딱하지 않고 친근한 어투라 설명이 쉽게 이해되어 재미있

다고 하네요. 영어학원보다 낫다고 합니다. 논리력과 분석력이 아직 부족한 아이들에게 기존의 영문법책은 정말 이해하기 힘들고 가장 공부하기 싫은 학습대상 1호라고 할 수 있습니다. 저희 아이의 경우, 6학년 겨울방학 때 유명하다고 하는 〈중1 영문법 **00제〉를 시작했는데, 책 구성이 딱딱하고 재미도 없고 설명이 빈약하여 이해하지 못한 채 문제만 기계식으로 푸는 것은 의미가 없다고 판단하여 중단시켰습니다. 반면 베타테스트로 진행한 이 책은 친근한 어법으로 아이에게 다가가 매우 자세한 설명을 통해 기초적이고 논리적인 사고를 하게 한 후 문제를 통해 재차 개념과 원리를 확인시켜주는 방식으로 자연스레 문법에 대한 개념과 규칙이 체득될 수 있도록 해주는 것 같습니다.

– 윤종호 님(중학 1학년 학부모님), 경기도 용인시

아이에게 괜찮은 책은 여러 번 보게 하는데 이번 책도 여러 번 계속 반복해서 봐야겠다는 생각을 했습니다. 샘플 교재만 받아보았지만 목차를 보니 관심이 더욱 갔습니다. 선생님 낭독 MP3를 들으면서 연필로 해당 부분을 짚어주며 밑줄을 그어가며 아이와 함께 읽었습니다. 이 책은 스스로 선생님이 되어 가르치는 부분이 차별화지만, 교재 내용도 쉽고 접근이 새로워 너무 좋았습니다. 이 책으로 영문법을 모두 떼고 싶은 심정입니다. 교재의 뒷부분 내용이 정말 궁금했습니다.

– 배미연 님(초등 4학년 학부모님), 경기도 수원시

문법과 관련한 낯선 뜻을 가능한 한 쉽게 설명하려고 한 점과 그것을 이해를 통한 문장의 구조, 형태의 파악 등을 정리하여 개념의 확립에 주목한 점이 좋았습니다. 많은 영어교재가 놓치고 있는 기본적인 문법의 내용을 가능한 한 쉽게, 저학년이 친구나 동생에게 설명하는 방식을 통하여, 학습자의 이해도를 스스로 확인하면서 심화학습이 가능하도록 구성하려는 노력이 좋습니다.

– 주재희 님, 경기도 안양시

영문법을 초등학교 3학년 아이에게 가르쳐야 할까, 너무 어려워 영어를 싫어하지 않을까 하는 생각 가운데 광고를 보고 신청했어요. 말을 만드는 규칙을 알면 아이가 좋아하는 영어를 조금이라도 더 잘 이해하지 않을까 하는 바람으로요. 영문법의 기초 개념을 아이들 눈높이에서 설명하려 애쓴 모습이 느껴졌고, 아이도 나름 흥미를 느낀 듯해요.

– 노태권 님(초등 3학년 노소정 학생 학부모님), 서울시 관악구

정리가 단순하게 되어 있어 편했고, 한국말로 정리를 하고 한국말로 문장을 분석한 후 영어로 만들 수 있어서 좋았습니다. 실제로 동사, 명사, 형용사, 부사가 어학원 교재에 설명이 없는 경우가 많은데, 무조건 문장을 만들라 하니 고학년 친구들은 해를 넘어갈수록 영어를 어려워하고 포기하는 친구가 많아서 아쉬웠거든요. 그런 친구들에게 추천해 주면 너무 좋을 것 같고, MP3와 동영상으로 보면서 공부할 수 있어 혼자 공부하는 아이와 부모님들께 도움이 많이 될 것 같습니다. 이 책에서 가장 마음에 들었던 부분은 꼼꼼한 해설과 문장의 스트럭처를 세우는 설명 방식이었습니다. 제가 사용했던 문법책 중에 가장 기본이 탄탄하게 정리가 잘 되어 있고, 품사 정리도 너무 잘 되어 있습니다.

– Emily Nam 선생님(** 어학원), 경기도 부천시

후기에 수록되지 않은 분들을 비롯하여 〈쌤놀이 개념 영문법〉 베타테스트에 참여해 주신 모든 분들께 진심으로 감사의 말씀을 전합니다. – 사람in 편집부 드림

Open your mouth wide, and I will fill it with good things.

Psalms 81:10

MH놀이
▶ 개념 영문법 2

저자

심재원

경영학을 전공하고 대기업 입사 후 배우기 시작한 컴퓨터에 매료되어 미국 유학을 떠나 Western Illinois 주립대학에서 전산학으로 석사 학위를 받았다. 미국에서 직장생활을 하던 중 한 영어 세미나에서 'Oral Reading Drill'을 접하게 됐다. 귀국 후, IT와 영어 교육을 접목한 사업 분야에서 한국 영어 교육의 현실적 내안을 제시해 보고자 노력하고 있다. 그런 노력의 일환으로 「영어 낭독 훈련에 답이 있다」(공저), 「영어 낭독 훈련 감동 · 지식 에피소드」, 「영어 리듬 훈련」, 「영어 회화 훈련 실천다이어리 1, 2」, 「비즈니스 영어회화 표현 훈련 1」, 「비즈니스 영어 제가 하겠습니다!」를 출간했다. 국립외교원 고위공직자 글로벌 리더십 과정에서 영어 낭독 훈련을 강의했고, KBS 굿모닝팝스에 영어 팁도 연재했다. 현재는 영어 문법, 어휘, 독해 분야에서 학생들에게 실질적인 도움을 줄 수 있는 영어 교육 콘텐츠 개발에 힘쓰고 있다. 영어 문법 교육의 새로운 시도로 '스스로 설명해보기 학습법'을 통해 '문법 개념 깨우치기'를 실천에 옮길 수 있는 「쌤놀이 개념 영문법 1, 2, 3권」은 그 첫 결실이다.

양지원

어릴 때부터 잘하고 싶은 게 많았다. 발레리나도 되고 싶었고, 성우도 되고 싶었다. 커피 전문가와 서양요리 셰프도 꿈꿔봤다. 그러다 하나님과 영어를 만났다. 십여 년 이상 초등 영어를 가르친 일이 제일 오래한 일이 되었다. 아이들에게 영어 성경을 읽어줄 때 그 똘망똘망한 눈이 지금도 제일 보기 좋다. 사립초와 공립초 아이들의 영어 격차를 현장에서 매일 겪으면서 초등 영어 교육의 중요성에 대해 기회가 있을 때마다 열변을 토한다. 영어는 가랑비에 옷 젖듯 쌓아줘야 하는데 꾸준함 이외에는 답이 없다고 믿는다. '선생님 놀이 학습법'을 시범해 보이고 아이들을 응원하면서 발표식 · 수행평가 중심 수업으로 변하는 교육 환경에 발맞추고 있다. (닉네임: 불쏘시개 소피쌤)

쌤놀이 개념 영문법 2

저자 심재원 · 양지원

초판 1쇄 인쇄 2019년 5월 10일   **초판 1쇄 발행** 2019년 5월 20일

발행인 박효상   **총괄 이사** 이종선   **편집장** 김현   **기획 · 편집** 신은실, 김희정, 김설아   **디자인** 이연진
표지, 내지 디자인 · 조판 the PAGE 박성미   **삽화** 하랑 전수정
마케팅 이태호, 이전희   **관리** 김태옥   **종이** 월드페이퍼   **인쇄 · 제본** 현문자현   **녹음** YR미디어

출판등록 제10-1835호   **발행처** 사람in
주소 04034 서울시 마포구 양화로 11길 14-10 (서교동) 3F
전화 02) 338-3555(代)   **팩스** 02) 338-3545   **E-mail** saramin@netsgo.com
Homepage www.saramin.com
책값은 뒤표지에 있습니다. 파본은 바꾸어 드립니다.

ⓒ 심재원 · 양지원 2019

ISBN
978-89-6049-778-8 64740
978-89-6049-776-4 (set)

사람이 중심이 되는 세상, 세상과 소통하는 책 사람in

어린이제품안전특별법에 의한 제품표시	
제조자명 사람in **제조국명** 대한민국 **사용연령** 5세 이상 어린이 제품	**전화번호** 02-338-3555 **주 소** 서울시 마포구 양화로 11길 14-10 3층

썸놀이 ▶ 개념 영문법

문장의 종류 · 조동사 · 시제 개념

2

사람in
saram
in.com

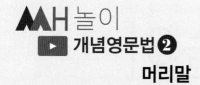

"우리 아이가 영어를 언제 제일 잘해야 할까요?"

초중고생들에게 영어를 가르치면서 학부모님께 이 질문을 항상 드립니다. 가장 현실적인 답은, '고등 영어와 취업영어에서 제일 잘해야 한다'일 거예요. 고교 영어 1등급이 취업 영어 고득점의 발판이므로 고교 영어가 1순위가 돼요. 결론적으로 "잘하려면 고등학교 가서 제일 잘해야 한다!"는 거예요.

우리 아이들이 영어 공부를 이것저것 많이 해요. 여유가 되면 영어 유치원, 어학연수, 원어민 과외 등 영어를 위해 적잖은 투자도 마다하지 않죠. 그런데 노력 대비 성과, 요즘말로 '가성비' 측면에서 '고교 내신영어/수능영어 1등급'이 안 나오면 허탈한 상황이 돼버려요. 중3 때까지 90점 이하 점수를 받아본 적이 없는 아이가 고등학교 영어 시험에서 황당한 점수를 받아오곤 하는데, 그 이유는 중학교 학습과 고등학교 학습의 핵심적 차이를 잘 몰라서 그래요.

그럼 중등과 고등 학습의 핵심적 차이는 뭘까요? 가장 본질적인 차이는 '학습 분량'의 차이에요. 영어만 놓고 봐도 중간고사나 기말고사의 1회 시험 범위가 중3 교과서 전체 지문 분량보다 많아요. 공부해야 할 분량이 열 배 정도로 수직상승 해버려요. 이런 경우 공부를 어떻게 해야 할까요? 중학교 때처럼 어떻게든 몽땅 외워버리면 해결이 될까요?

완성해야 할 분량이 압도적으로 많을 때 과연 해결책이 뭘까요? 수능 시험에는 국어든 영어든 시험 범위가 없어요. 고3 때까지 배운 것 전체를 바탕으로, 난생 처음 보는 지문들을 빠르고 정확하게 이해하고 문제를 풀어야 해요. 사실 이게 공부의 본질이자 우리가 공부를 하는 이유죠. 시험 출제자가 학생들에게 테스트하고 싶은 핵심은 이거예요.
"네가 생전 처음 겪는 상황을 헤쳐 나갈 능력이 있느냐?"

문법 공부는 개념을 깨우치는 것이고, 개념을 깨우쳤다는 말은 생전 처음 겪는 상황을 헤쳐 나갈 수 있는 힘을 얻는다는 의미예요. 생전 처음 보는 어떤 문장이라도 단어만 알면 분석이 가능한 능력을 꼭 갖춰야 해요. 그래야 압도적인 지문 분량을 너끈히 감당하며 고교 영어 1등급을 기대할 수 있게 돼요.

자녀가 아직 초등학생이라면 고등학교 영어에서 제일 잘해야 한다는 얘기는 좀 멀게 느껴질 수도 있어요. 실제로는 세월이 어떻게 지나갔는지 모르게 금방 닥치지만, 사태의 심각성이 아직은 수면 아래에 있지요. 그러니 잠깐 이런 장면을 한번 떠올려볼까요? 친구와 함께 공부 중인 우리 아이가 그 친구를 이렇게 가르쳐 주는 거예요. "야, 이 문장에서 동사는 이거잖아. 움직임을 나타내든 연결을 해주든 문장에는 동사가 있어야 해. 그리고 이 동사 뒤에는 동작에 대한 대상으로 목적어도 필요해. 그래서 이 자리에 대명사를 쓰면 목적격을 써줘야 하는 거야......"

아이가 이렇게 개념 설명을 잘하는 모습을 보면 뿌듯하고 기특하겠지요? 그동안 노력한 보람도 느껴지고 부모로서 우쭐한 기분도 들 것 같아요. 그런데 만약에 이 장면이 거꾸로라면 어떨까요? 그

러니까 우리 아이가 친구로부터 가르침을 받고 있는 걸 보았다면 어떤 느낌이 들까요? 속에서 천불까지는 아니더라도 약간 불편해지면서 얼굴이 화끈거릴지도 몰라요. "저 녀석은 몇 번을 배웠는데 아직도 저 모양이냐?"라면서요.

그런데 더 큰 문제는, 초등 고학년부터 확실히 나타나기 시작하는 아이들 간의 실력 차이예요. 한번 실력 차이가 벌어지면 좀처럼 따라잡기가 쉽지 않아요. 앞서가는 아이들은 대부분 중간에 주춤하는 일 없이 꾸준히 실력을 쌓아나가니까요. 뒤늦게 따라잡으려면 정말 열심히 노력해야 하고, 그렇지 않으면 실력 차이는 점점 더 커지게 돼요.

학년도 올라가고 본격적인 영어 학습 모드로 가야겠는데, 거의 예외 없이 문법이 말썽이에요. 학원도 크게 도움이 되는 것 같지 않고, '과외를 붙여야 되나, 아니면 아예 내가 붙잡고 가르쳐야 하나' 이런저런 고민에 머리가 아프죠. 실제 많은 아이들이 문법을 많이 힘들어해요. 초등 저학년 때는 영어를 재미있어하고 영어 동화책도 곧잘 읽곤 했는데, 문법 실력이 필요할 때쯤부터 영어에 흥미를 잃는 모습을 자주 보게 돼요. 독해와 서술형(영작)의 비중이 큰 중·고등 영어의 기초는 문법 실력인데, 그런 경향이 단기간 내에 바뀔 것 같지도 않아요. 그래서 문법을 그냥 놔버릴 수도 없는 게 현실이에요.

「쌤놀이 개념 영문법」은 개인적인 안타까움과 책임감으로 탄생했어요. 만날 그 자리를 맴도는 도돌이표 문법 공부에 빠진 아이들을 바라보는 게 안타깝고, 그런 현실에 대해 선생님이라 불리는 나 자신은 어떤 대안을 제시할 수 있을까 하는 책임감이 들었어요.

문법은 사실 수학에 가까워요. 고등 수학 수준까지는 아니더라도 개념 학습이 필수적이에요. '자연스런 문법 습득'이란 말처럼 공허한 말도 없는 것 같아요. 연립이차부등식이 시간이 지나면 자연스럽게 풀리던가요? 문법은 독해와 작문을 위한 '도구'인데, 만약 자동차 수리 기사가 공구 이름만 대충 알고 제대로 사용할 줄 모르면 어떻게 차를 고치겠어요?

이제는 '더'가 아니라 '다르게' 문법 공부를 해야 해요. 문법은 처음부터 개념을 잘 잡아야 하는데, 개념 학습의 가장 효율적인 방법은 '설명해보기'식 공부법이랍니다. 이 설명해보기 공부법을 구체적으로 실천하도록 제작된 교재가 바로 「쌤놀이 개념 영문법」이에요. '설명해보기'라는 도구를 가지고 '가르치는 놀이'를 통해 개념을 완전히 자기 것으로 만들어야 해요.

교실에서 제일 많이 배우는 사람은 가르치는 사람 자신이라고 하지 않던가요? 교육 환경이 토론·발표식, 프로젝트 중심 수업으로 급변하고 있는 요즘, 「쌤놀이 개념 영문법」이 우리 아이 공부의 한 전환점이 되기를 소망해봅니다.

- 저자 심재원·양지원

공부 잘하는 진짜 비결, 선생님 놀이
– 문법을 지도하시는 분들께

어떻게 공부하는 게 가장 효과적일까요?

문법 공부, 한걸음 더 들어가 보겠어요. 다음 퀴즈를 한번 풀어볼까요?

 Quiz 1 그룹 A는 학습한 내용을 반복적으로 읽게 했고, 그룹 B는 학습한 내용에 대해 시험을 봤어요. 일주일 후 어느 그룹이 더 많은 내용을 기억하고 있을까요?

 Quiz 2 그룹 C는 학습한 내용에 대해 나중에 시험을 볼 거라고 안내를 받았고, 그룹 D는 학습한 내용을 다른 사람들에게 가르쳐야 한다고 안내를 받았어요. 실제로는 실험 끝에 두 그룹 모두 시험만 봤어요. 테스트 결과 어느 그룹의 성적이 더 좋았을까요?

먼저 **Quiz 1** 부터 살펴보면, 결론은 시험을 본 그룹이 더 많은 내용을 기억하고 있었어요. 우리가 뭔가를 장기 기억하려면 '반복'은 필수 과정이에요. 여러 번 반복해야 자기 것으로 체화가 돼요. 하지만 무조건 반복만이 최선은 아니에요. 왜냐하면 단순 반복은 착각을 일으키기 때문이에요. 실제로는 잘 모르지만 익숙하니까 잘 안다고 착각을 하게 만들어요. 내가 뭘 알고 뭘 모르는지 '인출해보는 수고'가 없으면 배움은 일어나지 않아요. 가장 일반적인 인출 방법이 '시험'이죠. 이를 인지심리학에서 '시험 효과(Testing Effect)'라고 해요. 점수와 석차에 대한 과도한 경쟁만 없다면 '시험보기'는 아주 좋은 학습 도구랍니다.

이제 **Quiz 2** 를 살펴볼까요?

미국 세인트루이스 워싱턴 대학에서 퀴즈 내용 그대로 실험을 했어요. 결과는, 배운 걸 가르쳐야 한다고 안내 받았던 그룹 D의 성적이 더 좋았어요. 가르쳐야 한다는 목적이 학생들에게 더 큰 자극이 되었던 거예요. 연구팀은 한발 더 나아가 이렇게 결론을 내렸어요.

 "가르치는 데 초보인 학생들이 누군가를 가르쳐야 한다는 생각만으로도 학습 성과를 향상시킬 수 있었다. 학습 전 학생이 어떤 마음가짐을 가지느냐에 따라 학습 능률이 달라진다. 안타까운 것은 학생들이 이미 이러한 능력을 가졌는데도 그 능력을 활용하지 않는다는 것이다."

학습 효율성 피라미드

누군가를 가르쳐 본 경험이 있다면 "가르치는 사람이 제일 많이 배운다."는 말에 전적으로 동의할 거예요. 인지심리학에서는 이를 '제자 효과(Protégé Effect)'라고 불러요.

이렇게 '가르치기 활동'이 '시험보기'보다 더 나은 학습 도구임을 알 수 있어요. 좀 더 널리 알려진 연구로, 아래 〈학습 효율성 피라미드〉가 있어요. EBS 다큐프라임 '왜 우리는 대학에 가는가?'에서도 잘 소개가 됐는데요. 5부 '말문을 터라' 편에서 실험이 하나 나와요. 한 그룹은 학습 내용을 독서실처럼 '조용한 방'에서 공부를 했고, 다른 그룹은 서로에게 설명하며 왁자지껄한 '말하는 방'에서 공부를 했어요. 나중에 시험을 본 결과 '말하는 공부방' 그룹의 점수가 월등히 높게 나왔어요.

[학습 효율성 피라미드]

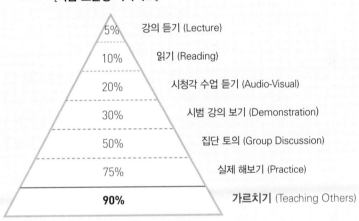

5%	강의 듣기 (Lecture)
10%	읽기 (Reading)
20%	시청각 수업 듣기 (Audio-Visual)
30%	시범 강의 보기 (Demonstration)
50%	집단 토의 (Group Discussion)
75%	실제 해보기 (Practice)
90%	**가르치기** (Teaching Others)

위 결과처럼 남을 가르치든, 스스로를 가르치든 학습 내용을 말로 설명하는 방식이 학습 효과가 가장 높게 나타났어요. 실제로 설명을 해보면 자기가 아는 것과 모르는 것의 구분이 명확해져요. 가르치기(설명하기) 공부법은 학습 초기부터 기억하는 방식이 달라요. 처음부터 학습 내용의 짜임새(포인트)를 먼저 세우려고 노력하게 돼요. 그래서 자기가 알고 있는 지식 사이의 '원인−결과' 관계가 잘 정리되는 거예요.

강의를 '열심히 들으면' 실력이 향상될까요?

위의 〈학습 효율성 피라미드〉에서 확인할 수 있는 의외의 사실은 '강의 듣기'가 제일 효율성이 떨어진다는 거예요. 이런 현상은 MIT 대학에서 진행한 실험에서도 검증이 되었어요. 우리 뇌의 교감신경계 전자파동에 대한 실험을 했는데, 사람이 집중, 각성, 긴장 상태일 때 뇌의 교감신경계가 활성화된다고 해요. 실험 집단의 뇌파를 일주일 내내 측정해봤더니, 심지어는 수면 중에도 꿈을 꾸면 교감신경계가 활성화됐어요. 그런데 학생의 뇌파가 거의 활동을 멈춘 두 가지 상황이 있었어요. 바로

공부 잘하는 진짜 비결, 선생님 놀이
– 문법을 지도하시는 분들께

TV를 시청할 때와 강의를 들을 때였어요. 그냥 앉아서 듣고 보고만 있을 때는 우리 뇌가 작동을 거의 멈춘다는 얘기예요.

자, 그럼 지금까지 말한 내용이 문법 공부와 도대체 무슨 관련이 있을까요?
혹시 '도돌이표 문법 공부'라는 말 들어봤는지요? 마치 음악의 도돌이표처럼 몇 번이나 반복해서 가르쳤는데 아이 문법 실력은 만날 그 자리라는 말이에요. 사실 영어 공부에서 문법 파트만큼 강사의 현란한 말솜씨가 돋보이는 수업이 없어요. 그래서 좋은 선생님을 찾아 여기저기 기웃거리는 경우가 많아요. 그런데 이런 상식을 깨는 실험이 하나 더 있어요.

가르치는 방식이 다른 두 강사로 실험을 했어요. 한 강사는 청산유수로 재미있게 수업을 했고, 다른 강사는 말도 더듬고 그냥 노트만 보고 읽었어요. 강의 후 학생들에게 설문조사를 했어요. 당연히 잘 가르치는 강사가 좋은 평가를 받았어요. 유창한 강의를 들은 학생들은 더 많이 배웠다고 응답했고, 시험 점수도 상대 그룹보다 높을 거라 예상했어요. 그런데 실제 시험 결과, 두 집단 간의 차이가 별로 없었어요. 선생님이 잘 가르치든 못 가르치든 학습 성과에는 별 차이가 없더라는 얘기예요.

심지어 유창하고 화려한 수업이 오히려 아이에게 독이 될 수도 있어요. 그런 수업이 학생을 계속 착각하게 만들 수 있기 때문이에요. 실제로는 잘 모르는데 이해했다고 착각을 하게 되는 거예요. 결국 자신의 문제가 뭔지 깨닫는 걸 막아버리는 셈이에요. 결론은 가만히 앉아서 수업만 듣는 방식으로는 실력이 늘지 않는다는 거예요. 학교 수업, 학원 수업, 거기에다 인터넷 강의까지 열정적으로 들은 학생은 말 그대로 그냥 열심히 '듣기만' 했던 거예요.

문법 공부는 '반드시' 필요해요!

문법 공부가 필요 없다고 하는 주장이 있어요. 우리가 문법을 안 배웠어도 한국말을 얼마나 잘하냐고 하면서요. 또 영어는 어릴 때부터 자연스럽게 배우면 된다고 문법 학습을 부정하는 경우도 있어요. 하지만 우리가 우리말 문법을 안 배운 게 아니에요. 온통 한국어로 둘러싸인 환경에서 모국어인 한국어를 비자발적으로 자연스럽게 습득했어요. 수많은 시행착오를 무의식적으로 겪으면서 문법 능력을 체득하는 과정이 분명히 있었어요.

그런데 영어는 여전히 우리에게 '외국어'예요. 한국에서 온종일 영어로 둘러싸일 일도 없고, 영어를 쓸 기회는 굉장히 제한적이에요. 게다가 우리에게 보다 필요한 영어 능력은 문해력(독해력)이에요. 상황에 따라 영어 스피킹이 필요한 때가 있어요. 하지만 현실적으로 더 절실한 필요는, 영어로 된

고급 정보를 빠르고 정확하게 획득하는 것이에요. 그런 문해력의 습득을 위해서는 영어 독서와 더불어 탄탄한 '어휘력'과 '문법 실력'이 반드시 함께 갖춰져야 해요.

그러므로 문법 공부를 왜 하느냐는 질문은 사실 불필요해요. 우리가 더 깊이 고민해야 할 질문은 문법 공부를 도대체 어떻게 해야 하느냐예요. 어떻게 해야 이 '도돌이표 문법 공부'를 벗어날 수 있을까요? 그래서 탄생한 것이 「쌤놀이 개념 영문법」이에요.

문법 공부는 한마디로 '깨닫는' 거예요. 마치 수학의 개념 학습과 같아요. '개념이 있다, 개념을 안다'란 말은 단지 개념의 정의를 알고 있는 것만이 아니에요. 만약 자동차 정비 기사가 공구 이름만 알고 쓸 줄을 모르면 어떻게 차를 고치겠어요? 그래서 개념을 안다는 것은 그 개념이 필요한 상황에서 능숙하게 사용하는 것까지를 포함해요.
이렇게 개념을 알게 해주는 학습법은 '설명해보기'가 가장 효과적이에요.

더 하려 하지 말고 '다르게' 해야 해요!

"세상에는 두 종류의 지식이 있다고 해요. 첫째는 익숙한 것 같은데 설명할 수 없는 지식이에요. 둘째는 잘 알고 있으면서 남에게 설명까지 할 수 있는 지식이에요. 스스로 설명할 수 있는 이 지식이 진짜 지식이며 내가 실제 써먹을 수 있는 지식이에요."
— 「지혜의 심리학」 저자, 김경일 교수

EBS 다큐 〈0.1%의 비밀〉에서 전국 석차 0.1%에 드는 학생은 이 '설명하기 활동'을 평범한 학생보다 훨씬 많이 했어요. 엄마 앞에서 '선생님 놀이'를 하던 전교 1등도 있었어요.

형용사, 부사가 뭔지, 목적어가 뭔지, 관계대명사가 뭔지 그 개념을 이해하고 어떻게 써먹는 건지 깨달으면 두 번 공부할 필요가 없어요. 이렇게 문법 개념을 깨달은 후 이해한 규칙과 용법의 적용 연습을 지속하면 지식정보사회가 요구하는 '고급 문해력'을 갖출 수 있어요. 도돌이표 문법 공부는 이제 끝을 내야 해요.

그런데 보통 이런 사실을 깨닫게 되면 부모님들의 마음이 급해져요. 당장 아이에게 이거 설명해봐 저거 설명해봐 하면서 다그칠 가능성이 커요. 하지만 뭘 하더라도 단계가 필요해요. 그동안 아이들은 객관식 문제 풀이가 공부라고 생각했을 거예요. 문제를 어떻게 풀든 답만 맞춰서 통과하면 그게 전부라고 여겼을 거예요. 그런데 갑자기 설명하기를 요구하면 주눅이 들거나 귀찮다고 아예 거부를 할 수도 있어요.

공부 잘하는 진짜 비결, 선생님 놀이
– 문법을 지도하시는 분들께

이런 현실적인 문제에 대한 고민을 거쳐 「쌤놀이 개념 영문법」이 탄생했어요. 아이들은 먼저 시범삼아 해보는 과정이 있어야 해요. 소위 가지고 놀아보면서 '아, 이렇게 하는구나.'하고 구체적으로 경험을 해봐야 해요. 〈쌤놀이 Action〉을 통해 영문법 원리를 선생님이 된 것처럼 가르쳐보는 단계가 필요해요. 그렇게 '개념 설명하기'를 안전한 환경에서 연습해본 후에, 본격적으로 '스스로 설명해보기'에 도전해볼 수 있어요.

그렇게 되면 이 '선생님 놀이 학습법'을 다른 과목에도 응용해볼 수도 있어요. 수학, 과학, 사회에도 수많은 '개념'들이 등장하거든요. '선생님 놀이'는 학생 스스로의 활동이 강조되는 시대적 추세에도 맞아요. 학생들이 더 이상 지식을 주입받는 대상이 아니라 지식을 습득하는 주체가 되어야 해요.

다행히 요즘 새로운 변화들이 시도되고 있어요. 거꾸로 수업(Flipped Learning)이 확산되고 있고, 객관식 시험이 폐지되고 서술형·수행평가 위주로 교육이 재편성되고 있어요. '선생님 놀이 학습법'은 그런 교육 환경 변화에 보다 적극적으로 대처할 수 있는 공부법이에요. 선행학습으로 소위 몇 번을 돌렸다고 해도 자기 것으로 만들지 못하면 모두 헛일이에요. 막연히 알고 있다는 착각만 일으키기 쉬워요. 이런 공부는 '더 많이' 한다고 달라지지 않아요.

이제는 '가르치기(설명하기) 공부법'으로 '다르게' 공부해야 해요. 「쌤놀이 개념 영문법」으로 그것을 구체적으로 실천해볼 수 있어요. 누구에게나 똑같이 하루에 24시간이 주어져요. 현재의 시간을 어떻게 쓰느냐에 따라 다른 미래를 만들 수 있어요. 실천하는 사람은 반드시 성공해요. 왜냐하면 그게 진리이기 때문이에요.

"설명할 수 없으면 아는 것이 아니다."

"If you can't explain it simply,
you don't understand it well enough."

– Albert Einstein

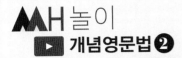

STUDY PLAN

저학년이거나 문법 공부가 처음인 경우라면 천천히 34일 플랜으로,

문법 공부를 해본 적이 있거나 고학년인 경우라면 좀 더 빠르게 17일 만에 완성하는 플랜으로

꾸준히 공부해 보세요.

2권을 마치면 바로 3권을 진행해 보세요.

한 단원의 구성			
첫째날 배움		둘째날 익힘	
1단계	단원 도입부	4단계	익힘문제
2단계	쌤놀이 Action ❶	5단계	쌤놀이 Action ❹
	쌤놀이 Action ❷		익힘문제 풀이
	쌤놀이 Action ❸	6단계	조금 더 알아봐요!
3단계	쌤놀이 확인문제		

★ 나는 천천히 할래요! 34일 완성 PLAN

DAY	학습 내용		분량	체크	DAY	학습 내용		분량	체크
01	1단원	첫째날 배움	6쪽	☐	17	9단원	첫째날 배움	6쪽	☐
02		둘째날 익힘	5쪽	☐	18		둘째날 익힘	5쪽	☐
03	2단원	첫째날 배움	6쪽	☐	19	10단원	첫째날 배움	6쪽	☐
04		둘째날 익힘	5쪽	☐	20		둘째날 익힘	5쪽	☐
05	3단원	첫째날 배움	6쪽	☐	21	11단원	첫째날 배움	6쪽	☐
06		둘째날 익힘	5쪽	☐	22		둘째날 익힘	7쪽	☐
07	4단원	첫째날 배움	6쪽	☐	23	12단원	첫째날 배움	6쪽	☐
08		둘째날 익힘	5쪽	☐	24		둘째날 익힘	5쪽	☐
09	5단원	첫째날 배움	6쪽	☐	25	13단원	첫째날 배움	6쪽	☐
10		둘째날 익힘	5쪽	☐	26		둘째날 익힘	5쪽	☐
11	6단원	첫째날 배움	6쪽	☐	27	14단원	첫째날 배움	6쪽	☐
12		둘째날 익힘	5쪽	☐	28		둘째날 익힘	5쪽	☐
13	7단원	첫째날 배움	6쪽	☐	29	15단원	첫째날 배움	6쪽	☐
14		둘째날 익힘	5쪽	☐	30		둘째날 익힘	5쪽	☐
15	8단원	첫째날 배움	6쪽	☐	31	16단원	첫째날 배움	6쪽	☐
16		둘째날 익힘	5쪽	☐	32		둘째날 익힘	5쪽	☐
					33	17단원	첫째날 배움	6쪽	☐
					34		둘째날 익힘	7쪽	☐

★ 나는 빨리 끝낼래요! 17일 완성 PLAN

DAY	학습 내용	분량	체크	DAY	학습 내용	분량	체크
01	1단원 전체	11쪽	☐	09	9단원 전체	11쪽	☐
02	2단원 전체	11쪽	☐	10	10단원 전체	11쪽	☐
03	3단원 전체	11쪽	☐	11	11단원 전체	13쪽	☐
04	4단원 전체	11쪽	☐	12	12단원 전체	11쪽	☐
05	5단원 전체	11쪽	☐	13	13단원 전체	11쪽	☐
06	6단원 전체	11쪽	☐	14	14단원 전체	11쪽	☐
07	7단원 전체	11쪽	☐	15	15단원 전체	11쪽	☐
08	8단원 전체	11쪽	☐	16	16단원 전체	11쪽	☐
				17	17단원 전체	13쪽	☐

이 책의 구성과 활용

★ 문법의 기초 개념 생각해보기 [쌤놀이 준비운동]

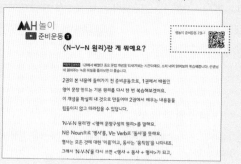

2권의 본문을 시작하기 전에 1권에서 배운 핵심 내용을 한번 되짚어보고 2권에서 배울 중요 내용을 소개하는 부분이에요.

▶ 선생님이 천천히 낭독해주는 MP3 파일 제공

첫째날 배움

★ 1단계. 개념 맛보기 [각 단원 도입부]

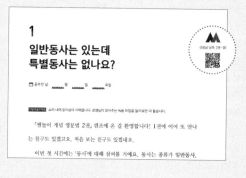

각 단원의 쌤놀이에서 배울 내용을 쉬운 말로 풀어서 소개해줘요. 이전 단원에서 배웠던 관련 내용도 다시 한번 짚어줘요. 혼자서 읽고 이해하기가 힘들면 선생님이 읽어주는 녹음 파일을 같이 들으면서 읽어보세요.

▶ 선생님이 내용을 읽어주는 낭독 MP3 제공

★ 2단계. 개념 이해하고 쌤놀이로 설명해보기 [쌤놀이 Action ❶ ❷ ❸]

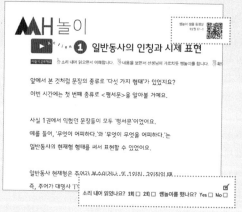

이번 단원에서 배울 핵심 개념을 세 부분으로 나눠서 정리해놨어요. 소리 내어 읽어보며 내용을 이해해보고, 가르치듯이 설명해보는 '쌤놀이' 활동으로 이해한 내용을 확인해요. 인형을 앞에 놓고 설명해봐도 좋아요. 쌤놀이를 어떻게 해야 할지 잘 모르겠면 샘플 동영상을 참고해 보세요. 쌤놀이를 했는지 체크합니다.

▶ 1, 2단원—실제 초등학생들이 촬영한 쌤놀이 샘플 동영상 제공

★ 3단계. 빈칸 채우기로 개념 확인하기 [쌤놀이 확인문제]

각 단원의 쌤놀이에서 배운 문법 개념을 빈칸 채우기를 하면서 정리해봐요. 외워서 쓰는 게 아니라, 쌤놀이 내용을 참고해서 빈칸을 채워보면서 배운 내용을 한번 더 되새겨 보는 용도예요.

둘째날 익힘

★ 4단계. 배운 개념을 문제풀이에 적용하기 [익힘문제]

각 단원에서 배운 내용을 실제 영어 문장에 적용할 수 있는지, 간단한 문법 문제를 풀면서 확인하는 연습문제 코너입니다.

★ 5단계. 문제풀이도 쌤놀이로 설명해보기 [쌤놀이 Action ❹]

문제를 잘 풀었다고 끝이 아니에요. 왜 이게 답인지 설명할 수 있어야 진짜 아는 거랍니다. 익힘문제를 풀고 틀렸거나 헷갈리는 문제가 있었다면, 바로 뒷페이지의 〈익힘문제풀이〉의 해설을 보며 쌤놀이로 설명해보세요.

★ 6단계. 각 단원의 개념 관련 보충수업

조금 더 알아봐요! **한번 더 기억해요!**

각 단원의 공부가 모두 끝난 뒤에 그 단원의 내용과 관련해서 추가로 알아둬야 하는 내용은 〈조금 더 알아봐요!〉로, 꼭 기억해둬야 하는 내용은 〈한번 더 기억해요!〉로 보충수업이 정리되어 있어요. 이 부분도 소리 내어 읽어보며 이해하고 넘어가야 해요.

> **[부록] 목차로 한눈에 정리하는 개념 총복습**
>
> 2권의 학습을 모두 마친 후, 3권을 시작하기 전에 2권의 〈개념 총복습〉을 쭉 읽어보고 3권 공부를 시작하면 개념 연결이 쉽습니다. 3권 공부를 다 마친 후에도 〈개념 총복습〉으로 정리해보세요. 각 단원 학습을 마친 후에 복습용으로 활용하기에도 좋습니다.

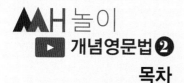

목차

목차

〈N-V-N 원리〉란 게 뭐예요?

이렇게공부해요 1권에서 배웠던 중요 문법 개념을 되새겨보는 시간이에요. 소리 내어 읽어보며 복습해봅니다. 선생님이 읽어주는 녹음 파일을 들어보면 더 좋습니다.

2권의 본 내용에 들어가기 전 준비운동으로, 1권에서 배웠던

영어 문장 만드는 기본 원리를 다시 한 번 복습해보겠어요.

이 개념을 확실히 내 것으로 만들어야 2권에서 배우는 내용들을

힘들이지 않고 따라잡을 수 있답니다.

'N-V-N 원리'란 <영어 문장 구성의 원리>를 말해요.

N은 Noun으로 '명사'를, V는 Verb로 '동사'를 뜻해요.

명사는 모든 것에 대한 '이름'이고, 동사는 '움직임'을 나타내죠.

그래서 'N-V-N'을 다시 쓰면 <명사 + 동사 + 명사>가 되고,

바로 이 형태가 '영어 문장을 이루는 기본 틀'이라는 얘기예요.

다음 그림을 보면 이 '기본 틀'을 이해할 수 있어요.

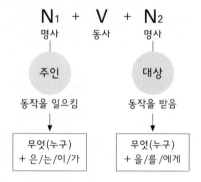

'동사'를 중심으로 '왼쪽의 명사 N①'은 동작을 일으키는 <주인>이 되고,

'오른쪽의 명사 N②'는 동사의 동작을 받는 <대상>이 돼요.

문장의 '주인'인 N①은 우리말로 <무엇은 또는 누구는> 이런 뜻이 되고,

'대상'인 N②는 우리말로 <무엇을, 누구를, 또는 누구에게>가 돼요.

명사의 원래 뜻에는 '은/는/이/가' 또는 '을/를/에게' 같은 말이 없어요.

예를 들어, 'monkey'나 'banana' 같은 명사는 그냥 '원숭이', '바나나'

이런 뜻이지, '~는/~를' 같은 말이 안 붙어 있어요.

그런데 이 낱말들이 '문장 속'에 들어가면 얘기가 달라져요.
예를 들어, 'monkey + eat + banana'의 순서로 낱말을 나열시키면,
'monkey'와 'banana'는 문장에서 어떤 '역할'을 맡게 돼요.

이렇게 낱말이 문장에서 맡는 역할을 '문장성분'이라고 해요.
1권 쌤놀이를 할 때 품사는 '영화배우'이고, 문장성분은
그 배우가 영화 속에서 맡는 '배역(역할)'이라고 다 배웠어요.
그래서 'monkey'는 동사의 왼쪽(즉, 동사 앞)에서 '원숭이가'가 되고,
'banana'는 동사의 오른쪽(즉, 동사 뒤)에 와서 '바나나를'이 돼요.
그럼 우리말로 <원숭이가 + 먹는다 + 바나나를>, 이런 뜻이 되는 거예요.
만약 낱말의 순서가 'banana + eat + monkey'로 바뀌면
<바나나가 + 먹는다 + 원숭이를>처럼 이상한 의미가 되고,
'eat + monkey + banana'는 아예 틀린 문장이 돼요.

톱스타 나배우 씨

이번엔 사또 역할

이렇게 되는 이유는, 우리말과 영어가 달라서 그래요.
우리말은 '은/는/이/가' 또는 '을/를/에게' 같은 '조사'가 있어요.
이런 말이 낱말 끝에 붙어서 낱말 순서가 바뀌어도 뜻을 잡아줘요.
하지만 영어에는 이런 '조사' 같은 말이 전혀 없어요.
대신에 영어에서는 낱말의 '순서(위치)'가 문장의 뜻을 나타내줘요.
그래서 영어는 단어의 순서, 즉 '어순'을 지키는 게 아주 중요해요.

간단히 정리해보면, <N-V-N 원리>란 '영어 문장 구성 원리'예요.
<명사① + 동사 + 명사②> 형태가 영어 문장을 이루는 '기본 틀'이고,
우리말로 '무엇이 무엇을 어찌하다.'라는 뜻을 나타내요.

자, 우리는 지금 '문법'을 공부하고 있는데요, 이 '문법 공부'는
문장을 정확히 이해하고, 올바로 만들 줄 아는 능력을 키우는 거예요.
그러려면 'N-V-N 원리' 같은 '개념과 규칙'을 잘 깨우쳐야 해요.
이렇게 개념을 깨우치는 데는 스스로 설명해보는 '쌤놀이'가 최고의 방법이에요.
개념을 깨우치면 어떤 상황도 헤쳐나갈 수 있는 <개념의 힘>을 얻게 돼요.
그 힘을 얻으면 우리는 영어로 더 멋진 '의사소통'을 할 수 있답니다. 👤

놀이
▶ 준비운동 ❷

말 끝맺음이 다르면 어떤 차이가 생기나요?

이렇게공부해요 2권에서 배울 내용을 가볍게 미리 살펴보는 시간이에요. 소리 내어 읽어보며 이해합니다. 선생님이 읽어주는 녹음 파일을 들어보면 더 좋습니다.

문법 공부의 핵심은 '문장'이에요.

1권에서 우리는 '뿌리 문장 세 가지'를 영어로 만들어 봤어요.

그 뿌리 문장에 여러 가지 '장식(수식)'을 붙여 더 풍부한 문장도 만들어봤고,

마지막으로 '문장의 형식'에서 1, 2, 3형식을 알아봤어요.

이번 준비운동 시간에는 '말 끝맺음'이 다른 문장을 가볍게 살펴보려고 해요.

먼저 아래 말 끝맺음이 각각 다른 문장들을 한번 보세요.

"나 배고파<u>요</u>."

"너 그 영화 봤<u>어</u>?"

"그 꽃병 내가 깨지 않았<u>어요</u>."

"그만 좀 <u>해</u>!"

"우와, 이 사진 멋지<u>구나</u>!"

우리가 뭘 물어볼 때 '~했어? ~하냐?', 이렇게 끝나죠?

또 뭘 시킬 때는 '~해! ~해라!'처럼 끝나게 되잖아요.

이렇게 말 끝맺음이 달라지니까 어떤 차이가 느껴지나요?

네, 묻는 문장, 시키는 문장 등 '문장의 종류'가 다른 것 같아요.

이 '말 끝맺음'을 어려운 말로 '표현 방식'이라고 하는데요.

이 표현 방식에 따라 아래처럼 문장을 '다섯 종류'로 나눌 수 있어요.

① **평서문 (Telling Sentence)**

　'긍정문'이라고도 해요. 사실을 있는 그대로 풀이해줘요.

　　⑩ 나는 행복하다. → I am happy.

　　　우리는 영어를 배운다. → We study English.

사랑을 했다.

② **의문문 (Question)**

　묻는 문장으로, 간단하게 사실을 확인하거나

　구체적인 정보를 물어볼 때도 있어요.

　　⑩ 너 배고프냐? → Are you hungry?

　　　너 점심 언제 먹었어? → When did you eat lunch?

③ 부정문 (Negative Sentence)

그렇지 않음을 나타내는 문장이에요.

예 메리는 점심을 먹지 않았다. → Mary did not have lunch.

④ 명령문 (Command)

어떤 행동을 시킬 때, 또는 함께 하기를 요청할 때 써요.

예 조용히 해! → Be quiet!

우리 같이 점심 먹자. → Let's have lunch together.

⑤ 감탄문 (Exclamation)

기쁨, 슬픔, 놀람 등 자신의 느낌을 나타내는 문장이에요.

예 참 아름다운 집이구나! → What a beautiful house!

이거 정말 재미있군! → How interesting (it is)!

우리말로는 누구나 이런 문장들을 자유롭게 만들 수 있을 거예요.

하지만 우리가 이런 능력을 그냥 저절로 갖게 됐을까요?

아니에요. 아기 때부터 지금까지 수없이 많은 반복과 노력이 있었어요.

영어도 아기 때부터 그렇게 했다면 우리말만큼 잘하겠죠.

하지만 현실은 그렇지 못해요. 그냥 우리 환경이 그런 거예요.

이런 상황에서 영어 실력을 빨리 키울 수 있는 방법이 뭘까요?

그것은 바로 '영문법 공부'예요. 모국어는 어릴 때부터 모든 사람이

그 말을 쓰는 환경에 놓이기 때문에 자연스럽게 터득이 되지만,

외국어로 언어를 배울 때에는 문장을 만드는 규칙을 먼저 배우는 게

가장 빠르고 확실한 방법이에요.

'쌤놀이'로 입을 크게 열고 스스로 설명해보기를 실천하면 문법 개념들이

머릿속에 쏙쏙 채워지고 영어 실력이 쑤-욱 자랄 거예요!

앞으로 이 '다섯 가지 종류별 영어 문장 만드는 법'을 배울 텐데요.

문장 종류별 차이는 '서술어 표현'이 달라서 생기는 거예요.

이 서술어 부분을 '동사'라는 품사가 맡고 있어요.

그래서 영어에서는 동사가 만들어내는 규칙들이 참 많아요.

그만큼 문장에서 '동사'가 중요한 역할을 맡고 있다는 거죠.

그럼 그런 '동사의 규칙'들을 지금부터 하나씩 열심히 배워봅시다. 화이팅! 🐣

잠깐~
기본 개념 확인!

★ 품사의 개념이 뭐였죠?

우리가 쓰는 수많은 단어들을 같은 특징끼리 묶어서 정돈한 것, 그걸 '품사'라고 해요.

영어의 8품사 – 명사, 대명사, 동사, 형용사, 부사, 전치사, 접속사, 감탄사

★ 문장성분의 개념이 뭐였죠?

"① 그는 이다." 또는 "② 그는 영어를."

이렇게 말하면 안 되죠. 왜냐하면 말을 하다가 말았으니까요.

"① 그는 이다."는 "그는 행복하다."나 "그는 학생이다."처럼,

또 "② 그는 영어를."은 "그는 영어를 배운다."처럼 돼야 해요.

이렇게 문장은, '전하려는 뜻이 완전해야' 올바른 문장이 돼요.

완전한 뜻의 문장이 되기 위해 필요한 문장의 구성 요소, 그게 바로 '문장성분'이에요.

문장성분의 종류는 '주어, 서술어(동사), 목적어, 보어, 수식어', 다섯 가지예요.

위 다섯 개가 다 들어간 문장도 있고, 최소로 '주어 + 동사'만 들어간 문장도 있어요.

★ 품사와 문장성분은 어떤 관계였죠?

품사는 '영화배우', 문장성분은 배우가 맡는 '배역(역할)'에 비유할 수 있어요.

문장에는 '주어, 서술어, 목적어, 보어, 수식어', 모두 '다섯 가지 배역'이 있어요.

올바른 문장이 되려면 '주어'와 '서술어' 배역은 거의 항상 들어가고,

'목적어, 보어, 수식어' 배역은 필요에 따라 들어가기도 하고 빠지기도 해요.

배우	명사 대명사	동사	명사 대명사	명사 형용사	형용사 부사 전치사구
배역	주어	서술어	목적어	보어	수식어

예

배우	Kids (명사)	learn (동사)	computers (명사)	quickly. (부사)	They (대명사)	are (동사)	smart. (형용사)
배역	(주어)	(서술어)	(목적어)	(수식어)	(주어)	(서술어)	(보어)

MH 놀이
▶ 개념 영문법

1
일반동사는 있는데
특별동사는 없나요?

1

일반동사는 있는데
특별동사는 없나요?

📅 공부한 날. ∿∿∿∿∿ 월 ∿∿∿∿∿ 일 ∿∿∿∿∿ 요일

이렇게 공부해요 소리 내어 읽어보며 이해합니다. 선생님이 읽어주는 녹음 파일을 들어보면 더 좋습니다.

「쌤놀이 개념 영문법 2권」 캠프에 온 걸 환영합니다! 1권에 이어 또 만나는 친구도 있겠고요, 처음 보는 친구도 있겠네요.

이번 첫 시간에는 '동사'에 대해 살펴볼 거예요. 동사는 종류가 일반동사, Be동사, 조동사 이렇게 세 가지랍니다. 'Be동사'는 여덟 가지 형태가 있고, '조동사'는 스무 개 정도 돼요. 나머지 수만 가지 동사는 일반동사예요. 이렇게 압도적으로 많으니, 왜 '일반' 동사라고 부르는지 알겠죠? 오늘은 '일반동사와 Be동사의 특징'에 대해 알아보겠어요.

● 일반동사 : 동작을 어찌하는지 나타내어 동작동사(Action Verb)라고도 불러요. '무엇이 어찌하다'와 '무엇이 무엇을 어찌하다'라는 문장을 만들 때 쓰이죠.

🔵 ① <u>A monkey</u> <u>eats</u> quickly. (원숭이가 빨리 먹는다.)
　　　(주어)　 (자동사)　　　　　　　　　➡〈무엇이 어찌하다.〉
　② <u>A monkey</u> <u>eats</u> <u>a banana</u> quickly. (원숭이가 바나나를 빨리 먹는다.)
　　　(주어)　 (타동사) (목적어)　　　　➡〈무엇이 무엇을 어찌하다.〉

그런데 이 일반동사가 해결할 수 없는 '특별한' 경우가 있어요.

'무엇이 어떠하다.'와 '무엇이 무엇이다.'에서 '어떠하다'와 '무엇이다'를 바로 표현해주는 영어 낱말이 없어요. 즉, '어떠한'이나 '무엇'에 해당하는 형용사, 명사 낱말은 있지만 '~하다/~이다'를 표현할 '일반동사'가 없는 거예요. 이렇게 해서 등장하는 '특별동사'가 바로 〈Be동사〉예요.

● Be동사 : 연결동사(Linking Verb)라고도 불러요. '동작'의 뜻은 전혀 없고, 주어와 Be동사 뒤의 말을 '연결'시켜줘요. Be동사 뒤의 말은 주어의 '상태'나 '정체'를 나타내요. 이 '상태'나 '정체'를 나타내는 말을 '보어'라고 불러요.

예 ① The boy is happy. (그 소년은 행복하다.)
　　　　　　　　(보어 – 주어의 '상태')　　　　→ 〈무엇이 어떠하다.〉
　② The boy is a student. (그 소년은 학생이다.)
　　　　　　　　(보어 – 주어의 '정체')　　　　→ 〈무엇이 무엇이다.〉

이 Be동사는 너무 규칙적이어서 줄여서 쓰기도 해요.

이번 시간에는 5가지 문장 형태 중 '평서문'에서 동사가 지켜야할 규칙들을 배워봅시다!

 놀이

Action ① 일반동사의 인칭과 시제 표현

이렇게 공부해요 ✌ 소리 내어 읽으면서 이해합니다. ✌ 내용을 보면서 선생님이 가르치듯 쌤놀이를 합니다. ✌ 확인란에 체크!

앞에서 본 것처럼 문장의 종류로 '다섯 가지 형태'가 있었지요?

이번 시간에는 첫 번째 종류로 <평서문>을 알아볼 거예요.

사실 1권에서 익혔던 문장들이 모두 '평서문'이었어요.

예를 들어, '무엇이 어찌하다.'와 '무엇이 무엇을 어찌하다.'는

일반동사의 현재형 형태를 써서 표현할 수 있었어요.

일반동사 현재형은 주어가 복수이거나 또 1인칭, 2인칭일 때,

즉, 주어가 대명사 'I'와 'You'일 때는 '동사원형'을 그대로 썼어요.

그 나머지 경우인 주어가 3인칭이고 단수 형태일 때는,

동사 쪽 끝에 <-s>를 붙여줬어요. 1권에서 배웠던 <S — No-S 패턴> 기억나죠?

또 발음하기 편하게, 끝에 <-es>나 <-ies>가 붙는 동사도 있었고,

특별한 형태로 'have'의 3인칭은 'has'였어요.

게다가 동사는, '어찌했다'는 '과거 표현'도 나타낼 수 있었어요.

동사 끝에 <-ed>만 붙여주면 '과거형'을 뚝딱 만들 수 있었어요.

그런데 이 과거형이 불규칙한 동사들이 있어서 꼭 외워둬야 했었죠.

전부 1권에서 익힌 내용인데 혹시 까먹었다면 꼭 복습을 해주세요!

소리 내어 읽었나요? 1회 ☐ 2회 ☐ 쌤놀이를 했나요? Yes ☐ No ☐

Action ② Be동사의 인칭과 시제 변화표

이렇게 공부해요 ✌ 소리 내어 읽으면서 이해합니다. ✌ 내용을 보면서 선생님이 가르치듯 쌤놀이를 합니다. ✌ 확인란에 체크!

그런데 이 수만 가지 일반동사로 표현할 수 없는 경우가 있었어요.

그것은 바로, 어떤 '상태'인지를 나타내는 '무엇이 <u>어떠하다</u>.'와

'정체, 본모습'을 말해주는 '무엇이 <u>무엇이다</u>.'는 형태였어요.

이 '어떠하다 / 무엇이다'를 바로 표현하는 영어 낱말이 없어요.

'happy(행복한)'처럼 '어떠한'은 형용사를, '무엇'은 명사를 쓰면 되지만,

'~(하)다/~이다'를 표현할 일반동사가 없는 거예요.

그래서 등장하게 되는 '특별동사'가 바로 <Be동사>였어요.

'Be동사'는 현재형 3가지와 과거형 2가지가 있고, 동사원형은 'be'예요.

특히 주어가 '인칭대명사'일 때는 Be동사 부분을 줄여서 쓸 수 있어요.

● **Be동사 변화표**

		(현재형)	(축약형 = 줄임형)	(과거형)
단수 주어	1인칭	I am	I'm	I was
	2인칭	You are	You're	You were
	3인칭	He is She is It is	He's She's It's	He was She was It was
복수 주어	1인칭	We are	We're	We were
	2인칭	You are	You're	You were
	3인칭	They are	They're	They were

☑ 소리 내어 읽었나요? 1회 ☐ 2회 ☐ 쌤놀이를 했나요? Yes ☐ No ☐

 놀이

 ³ Be동사 주의사항 세 가지

이렇게 공부해요 ✌ 소리 내어 읽으면서 이해합니다. ✌ 내용을 보면서 선생님이 가르치듯 쌤놀이를 합니다. ✌ 확인란에 체크!

이런 Be동사를 쓸 때는 특별히 주의해야 할 세 가지가 있어요.

먼저, 주어가 대명사라도 Be동사의 '과거형'은 줄여 쓰지 않아요.

'과거의 의미'를 분명히 나타내기 위해 그런 거예요.

그리고 주어가 '명사'일 때도 Be동사를 줄여서 쓰지 않아요.

왜냐하면 '명사의 소유격'으로 착각할 수 있기 때문이에요.

예 <u>Mary and Annie</u> play outside today. (Mary와 Annie는 오늘 밖에서 논다.)

They're happy. (= They are ~) (그들은 행복하다.)

They were in the house yesterday. (그들은 어제 집 안에 있었다.)
↳ 과거형 안 줄임.

↱ 명사의 소유격
Mary is <u>Annie's</u> best friend. (Mary는 Annie의 제일 친한 친구이다.)
↳ 명사 주어도 안 줄임. (Mary's (X))

또 한 가지 주의할 것은, \<its>와 \<it's>를 헷갈리면 안 된다는 거예요.

예 The puppy wagged **its** tail. (그 강아지는 그것의 꼬리를 흔들었다.)
↳ 대명사 it의 소유격으로 '그것의'란 뜻임.

It's (= It is) very cute. (그것은 매우 귀엽다.) ☞ it = the puppy

끝으로, Be동사와 일반동사를 <u>같이 쓰면</u> 안 돼요.

그렇게 쓰면 틀린 문장이란 걸 꼭 기억하세요!

예 I am like pizza. (X) → I like pizza. (O) (나는 피자를 좋아한다.)

이번 시간에는 \<평서문>을 만드는 '일반동사'와 'Be동사'를 살펴봤어요.

이제 동사를 보다 정확히 쓸 수 있게 돼서 기분이 좋지요? 👤

소리 내어 읽었나요? 1회 ☐ 2회 ☐ 쌤놀이를 했나요? Yes ☐ No ☐

✅ 놀이 확인문제

✌🏻쌤놀이 내용을 떠올리며 빈칸을 채워봅니다. ✌🏻쌤놀이 내용을 참고해도 됩니다. ✌🏻답 확인 후 소리 내어 읽어보세요.

빈칸에 들어갈 알맞은 말을 써보세요.

1 일반동사는 ① ☐☐ 동사(Action Verb)라고도 불러요.

주어가 일으키는 ② ☐☐☐ 을 나타내요. 동사는 또 시간도 표현할 수 있어서

'어찌하다'는 ③ ☐☐ 형과 '어찌했다'는 ④ ☐☐ 형을 나타낼 수 있어요.

2 '무엇이 어떠하다'는 〈상태〉와 '무엇이 무엇이다'는 〈정체〉를 표현할 때,

'〜(하)다, 〜이다'를 표현할 일반동사가 없어 특별동사인 '① ☐☐ 동사'를 써요.

'동작'의 뜻은 없고, 주어와 동사 뒤의 말을 ② ☐☐ 시켜줘요.

3 Be동사는 주어가 '인칭대명사'일 때 Be동사 부분을 ① ☐☐☐ 쓸 수 있어요.

· I am → I'm / You are → You're / He is → He's

하지만 주어가 대명사라도 Be동사 ② ☐☐ 형은 줄여 쓰지 않고,

또 주어가 '명사'일 때도 혼란을 막기 위해 Be동사를 줄여 쓰지 않아요.

4 its는 대명사 it의 ① ☐☐☐ 으로 '그것의'란 뜻이고,

it's는 'it is'를 ② ☐☐☐ 쓴 거예요.

5 Be동사와 일반동사를 ① ☐☐ 쓰면 틀려요.

예 I am like pizza. (X) → I like pizza. (O)

익힘 문제

이렇게 공부해요

문제를 풀 때 절대 페이지를 넘겨보지 마세요!(쌤놀이 해설이 있음)

100점 맞기 위해서가 아니라 뭘 모르는지 알기 위해 문제를 풀어보는 거랍니다.^^

A 올바른 문장이 되도록 괄호에서 알맞은 동사를 골라 동그라미 표시하세요.

① We (are / study / is) English in the afternoon.

② The book (am / do / is) on the desk.

③ They (am / had / does) a great time at the beach.

④ Her shoes (is / has / were) beautiful.

⑤ My brother (is / was / were) late for school yesterday.

B 다음 예시처럼 왼쪽 빈칸에 알맞은 Be동사의 <u>현재형</u>을 쓰고, 오른쪽 빈칸에 <u>줄임형</u>을 써보세요.

> I ___**am**___ a student. → ___**I'm**___
> (나는 학생이다.)

① She _____ in the classroom.　　→ _____

② They _____ kind people.　　→ _____

③ It _____ very cute.　　→ _____

④ We _____ from South Korea.　　→ _____

C 괄호에 주어진 동사를 한글 해석에 맞게 빈칸에 알맞은 형태로 써보세요.

(※ '현재형' 또는 '과거형'에 주의하여 쓸 것.)

① (be) 그녀의 할머니는 선생님이었다.

→ Her grandma ＿＿＿＿＿＿ a teacher.

② (eat) 우리는 저녁으로 피자를 먹었다.

→ We ＿＿＿＿＿＿ pizza for dinner.

③ (move) 달팽이들은 천천히 움직인다.

→ Snails ＿＿＿＿＿＿ slowly.

④ (have) 그는 많은 장난감을 가지고 있다.

→ He ＿＿＿＿＿＿ many toys.

⑤ (do) Annie는 저녁식사 후 숙제를 한다.

→ Annie ＿＿＿＿＿＿ her homework after dinner.

D 다음 빈칸에 들어갈 수 있는 것을 <u>모두</u> 고르세요.

① The student ＿＿＿＿＿ in the classroom.

　① are　　　② is　　　③ were　　　④ was

② ＿＿＿＿＿ were thirsty and hungry.

　① The cat　　② They　　③ Billy and Sally　④ I

③ The lion opened ＿＿＿＿＿ big mouth.

　① is　　　② it's　　　③ its　　　④ their

④ Nick ＿＿＿＿＿ pizza for dinner last night.

　① eats　　② had　　　③ is　　　④ was

익힘 문제풀이

▶️ 풀이

동사 뒤에 'English(영어)'라는 대상이 왔으므로, 일반동사 'study'를 써야 맞아요.

'be동사 + 전치사구'로 '~에 있다'는 뜻을 나타내요. 3인칭 단수 주어 'book'에 알맞은 be동사는 'is'예요.

동사 뒤에 'a great time'이라는 목적어가 있으므로, 일반동사 'had'가 답이 돼요.

주어가 3인칭 복수이고, '무엇이 어떠하다'를 나타내니까, 알맞은 be동사는 'were'.

3인칭 단수 주어인데, 시간은 '어제'니까, 올바른 be동사는 'was'가 돼야 해요.

▶️ 풀이

주어 'She'에 대한 be동사는 'is', 줄임형은 She's.

주어 'They'에 대한 be동사는 'are', 줄임형은 They're. 소유격 대명사인 'Their'를 쓰지 않도록 주의하세요.

주어 'It'에 대한 be동사는 'is', 줄임형은 It's. 소유격 대명사인 'Its'와 헷갈리지 않도록 주의하세요.

'We'에 대한 be동사는 'are', 줄임형은 We're. be동사 'Were'와 헷갈리면 안 돼요~

A 올바른 문장이 되도록 괄호에서 알맞은 동사를 골라 동그라미 표시하세요.

① We (are / (study) / is) English in the afternoon.
우리는 오후에 영어를 공부한다.

② The book (am / do / (is)) on the desk.
그 책은 책상 위에 있다.

③ They (am / (had) / does) a great time at the beach.
그들은 해변에서 즐거운 시간을 가졌다.

④ Her shoes (is / has / (were)) beautiful.
그녀의 신발은 아름다웠다.

⑤ My brother (is / (was) / were) late for school yesterday.
내 동생은 어제 학교에 늦었다.

B 다음 예시처럼 왼쪽 빈칸에 알맞은 Be동사의 **현재형**을 쓰고, 오른쪽 빈칸에 **줄임형**을 써보세요.

① She ___is___ in the classroom. → ___She's___
그녀는 교실에 있다.

② They ___are___ kind people. → ___They're___
그들은 친절하다.

③ It ___is___ very cute. → ___It's___
그것은 매우 귀엽다.

④ We ___are___ from South Korea. → ___We're___
우리는 한국 출신이다.

C 괄호에 주어진 동사를 한글 해석에 맞게 빈칸에 알맞은 형태로 써보세요.
(※ '현재형' 또는 '과거형'에 주의하여 쓸 것.)

① (be) 그녀의 할머니는 선생님이었다.

→ Her grandma ___was___ a teacher.

② (eat) 우리는 저녁으로 피자를 먹었다.

→ We ___ate___ pizza for dinner.

③ (move) 달팽이들은 천천히 움직인다.

→ Snails ___move___ slowly.

④ (have) 그는 많은 장난감을 가지고 있다.

→ He ___has___ many toys.

⑤ (do) Annie는 저녁식사 후 숙제를 한다.

→ Annie ___does___ her homework after dinner.

D 다음 빈칸에 들어갈 수 있는 것을 모두 고르세요.

① The student _____ in the classroom. 그 학생은 교실에 있다. / 있었다.
  ① are　　❷ is　　③ were　　❹ was

② _____ were thirsty and hungry. 그들은 / Billy와 Sally는 목마르고 배고팠다.
  ① The cat　　❷ They　　❸ Billy and Sally　④ I

③ The lion opened _____ big mouth. 그 사자는 그것의 큰 입을 벌렸다.
  ① is　　② it's　　❸ its　　④ their

④ Nick _____ pizza for dinner last night. Nick은 어젯밤에 저녁으로 피자를 먹었다.
  (*have: '먹다'의 뜻도 있음)
  ① eats　　❷ had　　③ is　　④ was

▶️ **풀이**

'~이었다'로 과거형이에요. 3인칭 단수 주어에 대한 be동사 과거형은 'was'예요.

동사 '먹었다'는 불규칙 동사 'eat'의 과거형인 'ate'를 써줘야 해요.

'움직인다'는 현재형인데, 3인칭 복수 주어니까 동사원형 'move'예요.

'가지고 있다'는 현재형이고, 3인칭 단수 주어에 맞는 동사 'have'의 형태는 'has'예요.

'~한다'는 현재형이고, 3인칭 단수 주어니까 단수동사 형태인 'does'를 써줘야 해요.

▶️ **풀이**

주어가 3인칭 단수이므로 이에 맞는 동사는 'is'와 'was'가 답이 돼요.

동사 'were'에 대한 주어는 복수형태, 따라서 복수 주어인 ②와 ③번이 답이에요.

주어 'lion'은 3인칭 단수이고, 동사는 'opened(열었다)'예요. 동사가 이미 있으니까 또 동사를 쓰면 안 되겠고, '그것의 큰 입을' 표현하는 소유격 대명사 'its'가 맞는 답이에요.

주어 다음에 동사가 필요한데, '어젯밤'이니까 '과거형'을 써줘야 해요. 과거형은 ②와 ④번이죠. 그런데, 동사 뒤에 동작의 대상으로 'pizza'라는 목적어를 썼으니까, 동사는 be동사를 쓰면 안 돼요. 그래서 답은 ②번 'had'만 알맞은 답이에요.

주어(명사)와 동사의 '수 일치'가 무슨 말이에요?

이렇게공부해요 보충수업이에요. 앞으로 배울 내용과 연관되어 있으니 천천히 소리 내어 읽어보면서 이해합니다.

문장에는 '무엇이 어찌하다.'처럼 주어(명사)와 서술어(동사)가 있죠. 영어 문장에서는 이 〈주어와 동사의 '수'를 일치시키는 현상〉이 나타나요. 단수 동사는 동사원형 끝에 's'나 발음 편의상 'es'를 붙이는 형태예요. 복수 동사는 그냥 동사원형을 그대로 쓰면 돼요.

그런데 이 수 일치 규칙은 '현재형'일 때만 나타나요. 왜냐하면 미래는 아직 안 일어나서 우리 머릿속 생각에만 있고, 또 과거는 이미 지나갔으니까 굳이 '수 일치'를 따질 필요가 없어요. (→ 단, 〈Be동사〉의 과거형은, 주어가 3인칭 단수일 때 → was, 복수일 때 → were를 씀.)

그래서 결국 '주어 – 동사 수 일치' 규칙이란 "주어가 3인칭인 단수동사 현재형'에 '-s'나 '-es'를 붙여 준다." 이게 전부예요. 그런데 학생들이 '왜 그렇게 해요?'라고 물어보면, '그냥 외워.'라는 대답만 듣는 경우가 많아요. 이 규칙은 〈S — No - S 패턴〉 원리를 알면 쉽게 설명될 수 있어요. 이 패턴은 한쪽에 '-s'가 나타나면 다른 쪽엔 '-s'가 없어진다는 말이에요.

〈주어〉	〈서술어〉
단수명사	단수동사
No-S	S
복수명사	복수동사
S	No-S

→ **예** A monkey eats. (한 원숭이가 먹는다.)
왼쪽 주어 끝에 's'가 없으면
오른쪽 동사 끝에 's'가 나타나고,

→ **예** Monkeys eat. (원숭이들이 먹는다.)
왼쪽 주어 끝에 's'가 있으면
오른쪽 동사 끝에 's'가 없어요.

정리를 해보면요, 영어 문장에서 '주어 – 동사의 수 일치'란,

① 주어가 〈단수 명사〉일 때, 주어인 **단수 명사** 끝에는 's'가 없고 서술어인 단수동사 끝에 's'가 나타나요.

② 주어가 〈복수 명사〉일 때, 주어인 **복수 명사** 끝에 's'가 나타나고, 서술어인 복수동사 끝에는 's'가 없어져요.

참고로, 주어가 'I'와 'You'일 땐, 단수라도 동사 쪽에 's'가 안 붙어요. 왜냐하면 '나'와 '너'는 세상에 딱 두 가지뿐이라 특별대우를 해줘요. 이렇게 되면, 〈복수와 1, 2인칭〉을 빼고 결국 '3인칭 단수'만 남게 되니까, '3인칭 단수동사 현재형'에만 '-s'나 '-es'가 붙게 되는 거예요.

MH 놀이
▶ 개념 영문법

2
묻는 문장에서 Be동사와
일반동사 규칙이 왜 달라요?

2

묻는 문장에서 Be동사와 일반동사
규칙이 왜 달라요?

📅 공부한 날. _____월 _____일 _____요일

이렇게 공부해요 소리 내어 읽어보며 이해합니다. 선생님이 읽어주는 녹음 파일을 들어보면 더 좋습니다.

이번 시간에는 5가지 문장 중 두 번째 문장 종류로 '묻는 문장'을 살펴볼 건데요. 묻는 문장 중 '인지 아닌지' 사실을 확인하는 문장만 먼저 보겠어요.

이런 문장을 특히 〈Yes/No 의문문〉이라고 불러요. 왜냐하면 물음에 대한 대답이 'Yes 또는 No'이기 때문이에요. 그런데 이 'Yes/No 의문문' 형태에서 특이한 게 있어요. 아래처럼 'Be동사'와 '일반동사'를 의문문으로 만드는 방법이 서로 다르다는 거예요.

Be동사 문장의 의문문	일반동사 문장의 의문문
You are hungry. → <u>Are you</u> hungry? (너 배고프니?)	Tom likes pizza. <u>Likes</u> Tom pizza? (X) → <u>Does</u> Tom <u>like</u> pizza? (O) (Tom은 피자를 좋아하니?)

여기서 일반동사 의문문 맨 앞에 쓰인 'Do/Does/Did'는 '~하다/했다'는 뜻의 일반동사가 아니에요! 동사의 부족한 부분을 도와주는 '조동사'예요. 영어에서는 똑같은 낱말이 다른 역할을 '겹쳐서' 맡기도 한다고 1권에서 배웠죠? 'Do/Does/Did'는 주어의 '인칭과 단수/복수', 동사의 '현재형/과거형'에

따라 정해져요. 그런데 왜 일반동사 의문문은 '조동사'를 문장 앞에 더해줄까요? Be동사 의문문처럼 주어와 위치만 바꾸면 간단할 텐데 말이죠.

이에 대한 답은 1권에서 배운 〈N-V-N 원리〉에 있어요. '영어 문장의 기본 형태'는 〈명사① + 동사 + 명사②〉라는 원리였어요. 이 형태는 〈주어 + 동사 + 목적어〉로 '무엇이 무엇을 어찌하다.'를 나타내요.

예를 들어, 'Tom likes pizza.'라는 문장이 있을 때, Be동사 의문문처럼 'Likes Tom pizza?'로 쓰면 어떤 뜻이 될까요? 평서문에서 'Tom'은 동사 왼쪽에 와서 'Tom은'으로 '주어'였잖아요. 그런데 'Tom'이 동사 오른쪽에 와 버리면 'Tom을'로 '목적어'가 돼요. (좋아하니 Tom을 피자를?(X))

이렇게 되면 'N-V-N (주어+동사+목적어) 구조'가 깨지게 돼요. 그래서 뜻이 통하지 않는 이상한 문장이 되는 거예요. 이 문제를 어떻게 해결할까요? 네, 이때 등장하는 게 '조동사'예요. 그럼 조동사 'Do/Does/Did'가 어떻게 선택되고 또 대답은 어떻게 하는지, 이번 시간에 〈Yes/No 의문문〉을 가지고 자세히 배워봅시다~!

 놀이

 **Be동사 의문문 규칙**

이렇게 공부해요 ✌️ 소리 내어 읽으면서 이해합니다. ✌️ 내용을 보면서 선생님이 가르치듯 쌤놀이를 합니다. ✌️ 확인란에 체크!

이번 시간에는 '묻는 문장(의문문)' 만드는 법을 배워보겠어요.

오늘은 '사실인지 아닌지'를 묻는 <Yes/No 의문문>만 살펴볼 거예요.

그런데 이 의문문 만들기는 'Be동사'와 '일반동사'의 경우가 달라요.

어떻게 다르고 왜 다른지 그 이유를 알아보죠. 우선 Be동사 규칙부터 봅시다.

Be동사 의문문 규칙		
주어 + Be동사 → Be동사 + 주어	평서문에서 Be동사와 주어의 위치를 바꾸고, 끝에 물음표(?)를 붙여주면 돼요.	
예	긍정 대답	부정 대답
Are you happy? (너는 행복하니?)	Yes, I am. (네, 그래요.)	No, I am not. (아뇨, 그렇지 않아요.)
Is Mary a student? (메리는 학생이니?)	Yes, she is.	No, she is not.
Were the cats in the house? (그 고양이들은 집 안에 있었니?)	Yes, they were.	No, they were not.

묻는 문장과 대답에서 '인칭대명사'가 헷갈리지 않도록 주의해야 돼요.

'you(너)'로 물었으면 대답은 당연히 'I(나)', 내가 어떤지로 답해야겠죠?

또, 묻는 문장에서 주어가 '명사'라면 대답에서는 모두 '인칭대명사'로

바꿔서 대답해주는 것도 기억해두세요!

소리 내어 읽었나요? 1회 ☐ 2회 ☐ 쌤놀이를 했나요? Yes ☐ No ☐

 ^{A c t i o n} ② 일반동사 의문문 규칙

이렇게 공부해요 ✌ 소리 내어 읽으면서 이해합니다. ✌ 내용을 보면서 선생님이 가르치듯 쌤놀이를 합니다. ✌ 확인란에 체크!

이제 일반동사 의문문의 경우를 살펴봅시다.

예를 들어, 'Tom likes pizza.'라는 문장이 있을 때, Be동사 의문문처럼

주어, 동사의 위치를 바꿔 'Likes Tom pizza?'로 쓰면 왜 안 될까요?

앞에서 'N-V-N(명사① + 동사 + 명사②) 원리'를 배웠죠?

왼쪽 명사①은 '주어'가 되고, 오른쪽 명사②는 '목적어'가 되잖아요.

이렇게 영어 문장에서는 '단어들의 순서'가 굉장히 중요해요.

왜냐하면 어순(단어순서)에 따라 뜻이 달라지기 때문이에요.

위 'Likes Tom ~?'의 어순은 'Tom을 좋아한다'는 뜻이 되기 때문에,

원래 문장과는 완전히 다른 뜻의 문장으로 변해버려요.

그래서 원래 문장의 뼈대(N-V-N 형태)를 깨지 않는 해결책이 필요해요.

이때 등장하는 해결사가 일반동사를 도와주는 '조동사 do'예요.

일반동사 의문문 규칙	
Do Does Did + 주어 + 동사원형 ··· ?	평서문의 어순을 그대로 쓰고, 'Do/Does/Did' 중 하나를 앞에 추가해요. 이때 동사는 '동사원형'으로 바꿔주 고, 문장 끝에는 물음표를 붙여줘요.

✔
소리 내어 읽었나요? 1회 ☐ 2회 ☐ 쌤놀이를 했나요? Yes ☐ No ☐

 놀이

 Action ❸ 조동사 Do의 활용법

이렇게공부해요 ✌ 소리 내어 읽으면서 이해합니다. ✌ 내용을 보면서 선생님이 가르치듯 쌤놀이를 합니다. ✌ 확인란에 체크!

일반동사 의문문에서 조동사 'Do/Does/Did'는 마치 '의문문이요~'라고

미리 알려주는 '알림 표지판'처럼 문장 제일 앞에 더해져요.

이제 주어의 '인칭과 단수/복수', 그리고 동사의 '현재/과거'에 따라

아래처럼 'Do/Does/Did' 중 하나를 선택해서 써줘야 해요.

Do	→ 동사가 현재형이고, 주어가 1인칭 (I), 2인칭 (You), 또는 복수 (We, They) 일 때
Does	→ 동사가 현재형이고, 주어가 3인칭 단수 (He, She, It) 일 때
Did	→ 주어에 상관없이 동사가 과거형일 때

예	긍정 대답	부정 대답
Do you like music? (당신은 음악을 좋아하나요?)	Yes, I do. (네, 그래요.)	No, I do not. (아뇨, 그렇지 않아요.)
Does Tom like pizza? (톰은 피자를 좋아하니?)	Yes, he does.	No, he does not.
Did the cats break the cup? (그 고양이들이 컵을 깼니?)	Yes, they did.	No, they did not.

조동사가 단수/복수, 현재/과거를 맡아주니까, 의문문의 동사는

뜻 전달에만 충실하도록 '동사원형'을 써요.

'부정 대답'에서 'not' 부분을 줄일 수도 있는데 그건

다음 시간에 자세히 배울 거예요.

이제 우리가 묻고 싶은 말을 영어로 할 수 있게 됐네요. 축하의 박수~ 짝짝짝~ 😎

소리 내어 읽었나요? 1회 ☐ 2회 ☐ 쌤놀이를 했나요? Yes ☐ No ☐

👌 쌤놀이 내용을 떠올리며 빈칸을 채워봅니다. ✌️ 쌤놀이 내용을 참고해도 됩니다. 👌 답 확인 후 소리 내어 읽어보세요.

빈칸에 들어갈 알맞은 말을 써보세요.

1 묻는 문장(의문문) 중 '① ⬜⬜ 인지 아닌지' 확인하는 〈Yes/No 의문문〉이 있어요.

이 의문문을 만들 때 'Be동사'와 '일반동사'의 규칙이 달라요.

2 Be동사의 의문문 규칙은 평서문에서 Be동사와 주어의 ① ⬜⬜ 를 바꿔요.

묻는 문장에서 주어가 '명사'라면, 대답에서는 모두 '② ⬜⬜ 대명사'로 바꿔줘요.

🔵 Is Mary happy? → Yes, she is. / No, she is not.

3 일반동사의 의문문 규칙은 'N-V-N 원리'에 따른 뼈대를 깨지 않기 위해,

일반동사를 도와주는 '조동사 ① ⬜⬜ '를 추가해요.

'Do/Does/Did'는 마치 '② ⬜⬜ 표지판'처럼 의문문 제일 ③ ⬜ 에 더해줘요.

4 일반동사 의문문에서 주어의 '인칭과 단수/복수', 동사의 '현재/과거'에 따라

아래처럼 'Do/Does/Did' 중 하나를 선택해서 써줘요.

• Do → 동사가 ① ⬜⬜ 형이고, 주어가 1인칭(I), 2인칭(you), 또는

② ⬜⬜ 일 때

• Does → 동사가 현재형이고, 주어가 ③ ⬜⬜⬜⬜ 일 때

• Did → 주어에 상관없이 동사가 ④ ⬜⬜ 형일 때

5 일반동사 의문문 규칙 : Do/Does/Did + 주어 + ① ⬜⬜⬜⬜ …?

익힘
문제

문제를 풀 때 절대 페이지를 넘겨보지 마세요!(쌤놀이 해설이 있음)

100점 맞기 위해서가 아니라 뭘 모르는지 알기 위해 문제를 풀어보는 거랍니다.^^

A 다음 표 안의 말들을 이용하여 한글 해석에 맞는 일반동사 <u>의문문</u>을 써보세요.

조동사	주어		동사	
Do	you	she	cry	eat
Does	they	Harry	sing	sleep
Did	the baby		study	

① 그녀는 자니?　　　　→ _____

② 너는 먹었니? [과거형]　→ _____

③ 그들은 노래하니?　　→ _____

④ 그 아기는 울었니? [과거형] → _____

⑤ Harry는 공부하니?　　→ _____

B 주어진 문장을 의문문으로 바꿔 써보세요.

① They were soccer players.

　→ _____?

② You want a new dress.

　→ _____?

③ Eric helped the old woman.

　→ _____?

④ Those are Judy's bags.

→ _____?

⑤ The baby cried again.

→ _____?

⑥ The cat takes a nap on the sofa.

→ _____?

⑦ Peter bought two hats.

→ _____?

C 다음 예시처럼 밑줄 친 부분들 중 틀린 곳을 한 군데 찾아 바르게 고쳐보세요.

> Are your brother sick today? → Is
> (너의 형은 오늘 아프니?)

① Was Jim and his brother at the store yesterday? → _____

② Are you play soccer on Saturday? → _____

③ Does Maria has three computers at home? → _____

④ Do Cathy and James go to school yesterday? → _____

⑤ A: Do you like music?

B: Yes, I don't. → _____

⑥ A: Are you happy after the test?
B: Yes, you are. → _____

⑦ A: Did the cats break the cup?
B: Yes, the cats did. → _____

쌤 놀이

► Action 4

익힘 문제풀이

► 풀이

3인칭 단수 주어에 현재형이므로 조동사는 'Does', 동사는 'sleep(자다)'을 써야 해요.

시제가 과거형이므로 조동사는 'Did', '먹다'니까 동사는 'eat'를 골라야 돼요.

3인칭 복수 주어에 현재형이므로, 조동사는 'Do', 동사는 'sing'이에요.

시제가 과거형이므로, 조동사는 'Did', 동사는 'cry'를 써요.

3인칭 단수 주어에 현재형이므로, 조동사는 'Does', 동사는 'study'를 쓰면 돼요.

A 다음 표 안의 말들을 이용하여 한글 해석에 맞는 일반동사 의문문을 써보세요.

① 그녀는 자니? → Does she sleep?

② 너는 먹었니? [과거형] → Did you eat?

③ 그들은 노래하니? → Do they sing?

④ 그 아기는 울었니? [과거형] → Did the baby cry?

⑤ Harry는 공부하니? → Does Harry study?

► 풀이

Be동사 문장으로, Be동사와 주어의 순서를 바꾸고 첫 단어 첫 글자를 대문자로, 끝에는 물음표를 써요.

일반동사 문장인데, 2인칭 단수 주어에 현재형이므로 조동사는 'Do'를 쓰면 돼요.

일반동사의 과거형 문장이니까, 조동사는 'Did'를 쓰고 동사는 동사원형 'help'로 써줘야 해요.

Be동사 문장으로, Be동사와 주어의 순서를 바꾸면 돼요.

B 주어진 문장을 의문문으로 바꿔 써보세요.

① They were soccer players. 그들은 축구선수였다.

→ Were they soccer players   ?

② You want a new dress. 너는 새 드레스를 원한다.

→ Do you want a new dress   ?

③ Eric helped the old woman. Eric은 그 할머니를 도와드렸다.

→ Did Eric help the old woman   ?

④ Those are Judy's bags. 저것들은 Judy의 가방들이다.

→ Are those Judy's bags   ?

⑤ The baby cried again. 그 아기는 다시 울었다.

   → <u>Did the baby cry again</u>   ?

일반동사의 과거형 문장으로, 조동사는 'Did'이고, 동사는 동사원형 'cry'로 바꿔줘야 해요.

⑥ The cat takes a nap on the sofa. 그 고양이는 소파에서 낮잠을 잔다.

   → <u>Does the cat take a nap on the sofa</u>   ?

3인칭 단수 주어에 현재형이므로, 조동사는 'Does'가 되고, 동사는 원형 'take'으로 써줘야 해요.

⑦ Peter bought two hats. Peter는 모자 두 개를 샀다.

   → <u>Did Peter buy two hats</u>   ?

일반동사의 과거형 문장으로, 조동사는 'Did'를 쓰고, 동사는 원형 'buy'로 바꿔주면 돼요.

▶️ 풀이

주어가 복수이므로, 동사를 복수형 'Were'로 고쳐야 해요.

C 다음 예시처럼 밑줄 친 부분들 중 틀린 곳을 한 군데 찾아 바르게 고쳐보세요.

① <u>Was</u> Jim and <u>his</u> brother at the store yesterday? →   Were
어제 Jim과 그의 형은 그 가게에 있었니?

② <u>Are</u> you <u>play</u> soccer <u>on</u> Saturday? →   Do
너는 토요일에 축구를 하니?

일반동사 의문문인데 조동사가 들어갈 자리에 Be동사가 들어가 있어요. 2인칭 단수 주어에 현재형에 대한 조동사는 'Do'를 써줘야 맞아요.

③ Does Maria <u>has</u> three <u>computers</u> at home? →   have
Maria는 집에 세 대의 컴퓨터가 있니?

일반동사 의문문에서 동사는 '동사원형'을 써야 하므로, 'has'를 'have'로 고쳐야 해요.

④ <u>Do</u> Cathy and James go to school yesterday? →   Did
Cathy와 James는 어제 학교에 갔니?

과거를 나타내는 말 'yesterday(어제)'가 있으므로 'Do'를 과거형 'Did'로 고쳐 써줘야 해요.

⑤ A: <u>Do</u> you <u>like</u> music? 너 음악 좋아해?
   B: Yes, I <u>don't</u>. 응, 그래. →   do

일반동사 의문문의 '긍정 대답'은 don't가 아니라 do로 써야 맞아요.

⑥ A: <u>Are</u> you <u>happy</u> after the test? 너는 시험 후에 행복하니?
   B: Yes, <u>you are</u>. 응, 나는 그래. →   I am

'너는 ~' 이렇게 물으면 '나는 ~'이라고 대답해야 하므로 'you are'를 'I am'으로 고쳐야 해요.

⑦ A: Did the cats <u>break</u> the cup? 그 고양이들이 컵을 깼니?
   B: Yes, <u>the cats</u> did. 응, 그것들이 그랬어. →   they

의문문에서 주어가 명사일 때, 대답에서는 모두 '대명사'로 바꿔 써줘야 해요. 그래서 'the cats'는 대명사 'they'로 고쳐야 해요.

동사 개념 꽉잡기 ① - '시제'가 정확히 뭐예요?

동사는 맡는 역할이 많아서 안 끼는 데가 거의 없어요. 심지어 자기 모양을 조금 바꿔서 다른 품사로도 쓰여요. 그래서 흔히 '문법 공부의 반은 동사 공부'라고 얘기를 해요. 실제 많은 문법 교재의 목차를 보면 동사에 관한 얘기가 거의 절반을 차지하고 있어요. 우리도 앞으로 동사와 관련된 주제를 많이 다룰 거예요. 그래서 동사의 기본 개념을 꽉 잡아두는 게 아주 중요해요.

동사는 본래 모양을 조금 바꿔 문장에서 여러 역할을 맡아요. 영어에서 동사는 아래와 같이 '동사의 5단 변화'라고 부르는 5가지 변화 형태가 있어요.

- **동사의 5단 변화표**

	① 원형 Root	② 현재형 Present	③ 과거형 Past	④ 과거분사형 Past Participle	⑤ 현재분사형 Present Participle
	−	원형 + (e)s	원형 + (e)d	원형 + (e)d	원형 + ing

예

규칙 동사	cook	cooks	cooked	cooked	cooking
불규칙 동사	break	breaks	broke	broken	breaking

'원형'은 동사의 의미만 담고 있는 동사의 원래 형태예요. '현재분사/과거분사'라는 용어가 또 어려운데, 이 부분은 뒤에서 알아보기로 하고요, 여기서는 '시제'가 정확히 무슨 말인지 알아보겠어요.

'시제(時制)'란 한마디로 '시간을 표현하는 법'을 말해요. 이 '제(制)'자는 '인터넷 실명제'에서처럼 '방법'이나 '제도'를 의미해요. 언어마다 이 시간을 표현하는 법이 좀 차이가 있지만, 영어에서는 '동사'를 써서 어떤 일이 일어난 때를 나타내줘요.

그런데 '동사 5단 변화표'에서 보는 것처럼, 동사 자신은 '현재'와 '과거' 시제 형태만 가지고 있어요. 다른 시간 형태를 나타낼 때는 '조동사'란 낱말의 도움을 받아야 해요. '진행 시제, 완료 시제', 이런 말들이 있는데, 이 부분도 뒤에서 자세히 알아볼 거예요.

놀이 ▶ 개념 영문법

3
부정하는 문장도 Be동사와 일반동사 규칙이 다르네요?

🔺 **첫째날 배움**

쌤놀이 Action ❶ Be동사의 부정문 규칙

쌤놀이 Action ❷ 일반동사의 부정문 규칙

쌤놀이 Action ❸ 부정 대답의 줄임형

쌤놀이 확인문제

🔺 **둘째날 익힘**

익힘문제

쌤놀이 Action ❹ 익힘문제 풀이

조금 더 알아봐요! "네, 안 그래요."는 "Yes, I'm not." 아닌가요?

3

부정하는 문장도 Be동사와
일반동사 규칙이 다르네요?

📅 공부한 날.   ∿∿∿∿∿ 월   ∿∿∿∿∿ 일   ∿∿∿∿∿ 요일

이렇게 공부해요 소리 내어 읽어보며 이해합니다. 선생님이 읽어주는 녹음 파일을 들어보면 더 좋습니다.

지금까지 평서문, 즉 긍정문과 의문문 만드는 법을 배웠어요. 이번 시간에는 '그렇지 않음'을 나타내는 〈부정문〉을 살펴보겠어요. 〈부정문〉을 만드는 원리는, 'not'이란 낱말을 부정하는 말 바로 '앞'에 쓰는 거예요.

Be동사 문장의 경우, 예를 들어 'She is happy.(그녀는 행복하다.)'를 부정하는 문장은 '그녀는 〈행복하지 않다. 또는 안 행복하다.〉'예요. 그럼 여기서 실제 부정하는 말은 뭐가 될까요? 네, 바로 'happy'예요. 그래서 'She is happy.'의 부정문은 'not'이란 낱말을 실제 부정하는 말(happy) 앞에 써서, 'She is not happy.'가 되는 거예요.

그럼 일반동사 문장의 부정문은 어떨까요? 예를 들어, 'Tom ate lunch.(Tom은 점심을 먹었다.)'라는 문장이 있어요. 이 문장을 부정하는 말은 'Tom은 점심을 먹지 않았다.'가 돼요.

가만히 보니까, 일반동사 문장의 부정문은, '어찌하다'가 '어찌하지 않다'로 되어 '일반동사'가 부정이 되고 있어요. 그래서 'Tom not ate lunch.' 이러면 될 것 같아요. 그런데 실제 부정문은 'Tom not ate lunch.'가 아니라

'Tom <u>did not eat</u> lunch.'가 맞아요.

이와 같이 일반동사의 부정문도 의문문처럼 '조동사 do/does/did'의 도움을 받아요. 그럼 왜 'not ate'처럼 쓰지 않을까요? 그 이유는, 〈일반동사의 '뜻'과 '하는 일'을 분리시키기 위해서〉예요.

동사가 '하는 일'이 어떤 거였죠? '과거형/현재형'처럼 '시간'도 표현하고, 또 현재형에서 '단수주어는 단수동사에, 복수주어는 복수동사에' 맞추는 '수 일치' 역할도 해요.

그런데, 일반동사의 부정문에서 부정하는 부분은 동사의 '뜻 부분만'이에요. 동사의 '시간 표현'이나 '수 일치'를 부정하는 게 아니에요. 그래서 조동사 'do/does/did'가 이 '시간'과 '수 일치' 역할을 맡아 주고, 'not + 동사원형'으로 '뜻 부분'만 부정하는 거예요.

말로 설명을 하니까 좀 복잡한데요, 이번 쌤놀이의 예문을 보면 쉽게 이해가 될 거예요. 그럼 이제 영어로 '않다, 아니다'를 어떻게 표현하는지 이 '부정문'을 가지고 확실히 익혀봅시다. 👨

이렇게 공부해요 ✌ 소리 내어 읽으면서 이해합니다. ✌ 내용을 보면서 선생님이 가르치듯 쌤놀이를 합니다. ✌ 확인란에 체크!

이번 시간엔 '그렇지 않음'을 나타내는 '부정문'을 만들어보겠어요.

부정문 만드는 원리는 이렇게 생각하면 간단해져요.

> 부정문 만드는 원리 ➡ 'not'을 '부정하는 말 바로 앞'에 쓴다.

이 부정문도 의문문처럼 'Be동사'와 '일반동사'의 경우가 달라요.

우선 <Be동사 부정문 규칙>부터 살펴보겠어요.

Be동사 문장은 '상태'나 '정체'를 표현하게 되는데요,

'부정을 하는 부분'은 바로 그 '상태'나 '정체' 부분이 돼요.

그래서 'not'을 그 앞에 써주는 거예요.

또, 'Be동사'와 'not' 부분은 줄여서 쓸 수도 있어요.

① You are not happy. → You're not happy. = You aren't happy.
　　(너는 행복하지 않다.)

② He is not a doctor. → He's not a doctor = He isn't a doctor.
　　(그는 의사가 아니다.)

③ I am not in the room. → I'm not in the room.
　　(나는 방에 있지 않다./없다.)　　※ <am not>은 줄임형이 없어요.

소리 내어 읽었나요? 1회 ☐ 2회 ☐ 쌤놀이를 했나요? Yes ☐ No ☐

▶ Action ② 일반동사의 부정문 규칙

이제 <일반동사의 부정문 만드는 법>을 살펴보죠.

일반동사 부정문은 '부정'하는 부분이 바로 '일반동사'가 돼요.

예 Tom은 점심을 먹었다. (부정) Tom은 점심을 먹지 않았다./안 먹었다.

그럼 일반동사 바로 앞에 'not'만 쓰면 간단할 텐데, 문제가 좀 있어요.

영어 문장에서 일반동사는 '뜻'도 나타내고 '하는 일 (역할)'이 있어요.

즉, 동사는 <시간 표현>과 <주어-동사 수 일치>를 맡고 있어요.

그런데 부정문에서 '부정하려는 부분'은 동사의 '뜻 부분만'이에요.

이럴 때 영어에서는 <'하는 일'과 '뜻'을 떼어내는 현상>이 생겨요.

그래서 동사가 하는 일을 '조동사 do/does/did'가 맡아 주게 되고,

동사는 뜻 전달에만 충실하도록 '동사원형'으로 바꿔줘요.

주어 +	조동사 do/does/did	+	[not + 동사원형]
	(☞ 시간, 수 일치 처리를 맡아줌)		(☞ 실제로 부정하는 부분)

이제 주어의 '인칭과 단수/복수', 동사의 '현재/과거'에 따라 조동사를 선택해요.

do	→	동사가 현재형이고, 주어가 1인칭 (I), 2인칭 (You), 또는 복수 (We, They) 일 때
does	→	동사가 현재형이고, 주어가 3인칭 단수 (He, She, It) 일 때
did	→	주어에 상관없이 동사가 과거형일 때

▶ Action ③ 부정 대답의 줄임형

이 규칙에 맞춰 일반동사 부정문의 예를 한번 보겠어요.

① I like pizza. → I do not like pizza. = I don't like pizza.
→ 1인칭 / 현재   (나는 피자를 좋아하지 않는다.)   (줄임형)

② She likes salad. → She does not like salad. = She doesn't like
→ 3인칭 단수 / 현재   (그녀는 샐러드를 좋아하지 않는다.)   salad. (줄임형)

③ Tom ate lunch. → Tom did not eat lunch. = Tom didn't eat
→ 과거   (Tom은 점심을 먹지 않았다.)   lunch. (줄임형)

지난 시간에 의문문의 '부정 대답'을 배웠죠.

끝으로, 부정 대답의 '줄임형'을 살펴보면서 이번 부정문을 마무리하겠어요.

'줄임형' 주의사항	• 주어가 '명사'일 때는 <주어와 Be동사>를 줄여서 쓰지 않아요. → Mary is her best friend. ☞ Mary's (X) • 주어가 대명사라도 <주어와 Be동사 '과거형'>은 줄여 쓰지 않아요. → They were happy. ☞ They're (X)

<부정 대답>

No, I am not.	= No, I'm not.	(<am not>은 줄임형 없음.)
No, she is not.	= No, she's not.	= No, she isn't.
No, they were not.	(<they were>는 줄이지 않음.)	= No, they weren't.
No, I do not.	= No, I don't.	
No, he does not.	= No, he doesn't.	
No, they did not.	= No, they didn't.	

☑
소리 내어 읽었나요? 1회 ☐ 2회 ☐ 쌤놀이를 했나요? Yes ☐ No ☐

✔️ MH 놀이 확인문제

👆 쌤놀이 내용을 떠올리며 빈칸을 채워봅니다. ✌️ 쌤놀이 내용을 참고해도 됩니다. ✌️ 답 확인 후 소리 내어 읽어보세요.

빈칸에 들어갈 알맞은 말을 써보세요.

1 '부정문 만드는 원리'를 이렇게 생각하면 쉬워져요.

▶ 부정문 ➡ 'not'을 부정하는 말 바로 ① ☐ 에 쓴다.

2 〈Be동사 부정문〉에서 부정하는 부분은 ① ☐☐ 나 ② ☐☐ 부분이에요.

그래서 'not'을 그 ③ ☐ 에 써주면 돼요.

📝 You are <u>not</u> happy. [상태] / He is <u>not</u> a doctor. [정체]

3 〈일반동사 부정문〉에서 부정하는 부분은 '일반동사'인데,

동사가 '하는 일'과 '뜻'을 떼어내기 위해 ① ☐☐☐ 'do/does/did'의

도움을 받아요. 그래서 일반동사 부정문의 공식은 이렇게 돼요.

▶ 〈 주어 + 조동사 do/does/did + not + ② ☐☐☐☐ … 〉

4 일반동사 부정문에서 조동사 do/does/did는 동사의 역할을 넘겨받아,

〈① ☐☐ 표현〉과 〈주어 – 동사 수 ② ☐☐ 〉를 맡아 줘요.

그리고 조동사와 'not'은 ③ ☐☐☐ 써줄 수 있어요.

📝 do not → don't / does not → doesn't / did not → didn't

1. ① 앞 2. ① 상태 ② 정체 ③ 앞 3. ① 조동사 ② 동사원형 4. ① 시간 ② 일치 ③ 줄여서

3. 부정하는 문장도 Be동사와 일반동사 규칙이 다르네요? 55

익힘
문제

이렇게 공부해요

문제를 풀 때 절대 페이지를 넘겨보지 마세요!(쌤놀이 해설이 있음)

100점 맞기 위해서가 아니라 뭘 모르는지 알기 위해 문제를 풀어보는 거랍니다.^^

A 한글 해석에 맞게 빈칸에 <u>Be동사 부정문</u>을 완성해보세요. (※'시제'에 주의할 것.)

나는 방안에 있지 않다.

→ <u> I </u> <u> am </u> <u> not </u> in the room.

① 너는 배고프지 않았다. → _____ _____ _____ hungry.

② Ben은 느리지 않다. → _____ _____ _____ slow.

③ 우리는 슬프지 않다. → _____ _____ _____ sad.

④ 그들은 두렵지 않았다. → _____ _____ _____ afraid.

⑤ 그것은 귀엽지 않았다. → _____ _____ _____ cute.

B 주어진 문장을 <u>일반동사 부정문</u>으로 바꿔 써보세요. (※ 조동사는 <u>줄임형</u>으로 쓸 것.)

My house has three rooms. → <u>**My house doesn't have three rooms.**</u>

(내 집은 방이 세 개 있다.)

① I want a new puppy.

→ _____

② Your brother swims well.

→ _____

3 Kelly took a walk after dinner.

→ _____

4 Jack and Annie live in China.

→ _____

C 다음 예시처럼 밑줄 친 부분들 중 틀린 곳을 한 군데 찾아 바르게 고쳐보세요.

> They don't ~~watches~~ TV after midnight. → watch
> (그들은 자정 이후에 TV를 보지 않는다.)

1 They weren't like Mary's hat.　　　　　　→ _____

2 Abby didn't played the piano last night.　→ _____

3 Jimmy and Billy aren't in the library yesterday.　→ _____

4 Mike not have a computer in his room.　→ _____

5 A: Did you know the answer?
　　B: No, I wasn't.　　　　　　　　　　　→ _____

쌤놀이
Action 4

익힘 문제풀이

이렇게공부해요

☝ 정답과 풀이를 보며 채점을 합니다. ✌ 틀렸거나 헷갈리는 문제는 해설을 읽어보고 쌤놀이로 설명해봅니다. ✌ 모든 문제의 해설을 읽어보면 복습에 큰 도움이 됩니다.

▶ 풀이

주어는 2인칭 단수이고, 동사는 '과거형', 이에 알맞은 Be동사는 'were'예요. 이제 'not'을 부정하는 말 앞에 써주면 부정문이 완성돼요.

주어는 3인칭 단수이고, 동사는 '현재형'일 때, Be동사는 'is'가 되고, 'slow' 앞에 'not'을 써주면 돼요.

주어는 1인칭 복수에, 동사는 '현재형'이니까 알맞은 Be동사는 'are'예요. 'not'을 'sad' 앞에 붙여 'We are not ~' 이렇게 써야 돼요.

주어는 3인칭 복수이고 동사는 '과거형'일 때, Be동사는 'were'가 되고, 'not'을 'afraid' 앞에 쓰면 돼요.

주어는 3인칭 단수, 동사는 '과거형', 따라서 be동사는 'was'가 돼요. 이제 'not'을 'cute' 앞에 써주면 돼요.

▶ 풀이

일반동사 부정문이니까 'do/does/did' 조동사가 필요해요. 주어는 1인칭 단수, 동사는 현재형에 알맞은 조동사는 'do'이고, 'not'을 붙여 줄였을 때 don't가 돼요. 여기에 동사원형을 붙여주면 부정문이 완성돼요.

주어는 3인칭 단수, 동사는 현재형, 이에 알맞은 조동사는 'does'예요. 여기에 'not'을 붙인 줄임형은 doesn't. 이제 'swims'를 원형 'swim'으로 뒤에 써주면 돼요.

A 한글 해석에 맞게 빈칸에 <u>Be동사 부정문</u>을 완성해보세요. (※'시제'에 주의할 것.)

① 너는 배고프지 않았다. → __You__ __were__ __not__ hungry.

② Ben은 느리지 않다. → __Ben__ __is__ __not__ slow.

③ 우리는 슬프지 않다. → __We__ __are__ __not__ sad.

④ 그들은 두렵지 않았다. → __They__ __were__ __not__ afraid.

⑤ 그것은 귀엽지 않았다. → __It__ __was__ __not__ cute.

B 주어진 문장을 일반동사 부정문으로 바꿔 써보세요. (※ 조동사는 줄임형으로 쓸 것.)

① I want a new puppy. 나는 새 강아지 한 마리를 원한다.

  → I don't want a new puppy.

② Your brother swims well. 너의 형은 수영을 잘한다.

  → Your brother doesn't swim well.

③ Kelly took a walk after dinner. Kelly는 저녁식사 후에 산책을 했다.

→ Kelly didn't take a walk after dinner.

주어는 3인칭 단수, 동사는 과거형이에요. 그래서 조동사는 'did'가 되고, 여기에 'not'을 붙여 줄이면 didn't가 돼요. 그 뒤에 동사 원형 'take'를 붙여 주면 부정문이 완성돼요.

④ Jack and Annie live in China. Jack과 Annie는 중국에 산다.

→ Jack and Annie don't live in China.

주어는 3인칭 복수, 동사는 현재형, 따라서 알맞은 조동사는 'do'예요. 여기에 'not'을 붙여 줄이면, don't가 되고, 동사는 원형 'live'를 뒤에 붙여 주면 돼요.

▶ 풀이

C 다음 예시처럼 밑줄 친 부분들 중 틀린 곳을 한 군데 찾아 바르게 고쳐보세요.

① They ~~weren't~~ like Mary's hat.   →   ___didn't___
그들은 Mary의 모자를 좋아하지 않았다.

일반동사의 부정문인데 Be동사의 부정 형태 weren't가 있으면 안 돼요. 일반동사 부정문의 과거형 줄임말 didn't로 고쳐야 해요.

② Abby didn't ~~played~~ the piano last night.   →   ___play___
Abby는 어젯밤 피아노를 치지 않았다.

조동사 didn't 다음에는 동사원형을 써줘야 하는데, 그 자리에 과거형 'played'가 와 있어요. 그걸 'play'로 고쳐 써줘야 해요.

③ Jimmy and Billy ~~aren't~~ in the library yesterday.   →   ___weren't___
Jimmy와 Billy는 어제 도서관에 없었다.

주어가 3인칭 복수니까, aren't가 맞지만, 끝에 보면 과거를 표현하는 낱말인 'yesterday'가 있어요. 그래서 aren't를 weren't로 고쳐줘야 맞아요.

④ Mike ~~not have~~ a computer in his room.   →   ___does not___
___(doesn't) have___
Mike는 그의 방에 컴퓨터가 없다.

일반동사 부정문은 그냥 'not'을 동사 앞에 붙이면 안 되죠. 조동사 'do/does/did'를 인칭과 시제에 맞게 앞에 써줘야 해요. 주어는 3인칭 단수이고, 동사는 현재형이니까 올바른 부정문이 되려면 does not(doesn't) have로 고쳐줘야 해요.

⑤ A: Did you know the answer? 너는 그 대답을 알았니?
B: No, I ~~wasn't~~. 아니, 나는 몰랐어.   →   ___didn't___

일반동사의 부정 대답인데 Be동사 wasn't가 와서 틀렸어요. wasn't를 과거형 did not(didn't)로 고쳐줘야 해요.

"네, 안 그래요."는 "Yes, I'm not." 아닌가요?

이렇게 공부해요 보충수업이에요. 헷갈릴 수 있는 내용이니 소리 내어 읽어보고 꼭 기억해둡니다.

우리가 앞에서 배운 다섯 가지 문장 종류에는 없지만 '부정의문문'이라는 문장이 있어요. 이 '부정의 문문'은 '부정문과 의문문'이 합쳐진 거예요. 예를 들어, 우리말에도 "너 배 안 고프니?"라는 말이 있잖아 요. 이런 문장을 '부정의문문'이라고 하는 거예요.

▶ 너 배 안 고프니?　　　Aren't you hungry?　➡ 더 많이 쓰이는 형태

　　　　　　　　　　　Are you not hungry?　➡ 이렇게는 잘 안 씀

　　〔주의!〕 Are not you hungry? (X)

이 문장은 'You are not hungry.'라는 부정문을 의문문으로 만든 거예요.

일반동사 부정의문문의 예도 하나 살펴볼게요.

▶ 너 그 책 안 샀니?　　　Didn't you buy the book?　➡ 더 많이 쓰이는 형태

　　　　　　　　　　　Did you not buy the book?　➡ 이렇게는 잘 안 씀

　　〔주의!〕 Did not you buy the book? (X)

방금 부정의문문을 배웠는데, 이 〈부정의문문의 대답〉이 좀 헷갈려요. 왜냐하면 '대답하는 방식'이 우 리말과 영어에서 차이가 있기 때문이에요.

"너 배 안 고프니?"라는 물음에 우리는 보통 "네, 안 그래요(안 고파요)." 또는 "아뇨, 배고파요." 이렇 게 대답해요. 이 우리말 대답을 영어로 그대로 옮기면, "네, 안 그래요."는 "Yes, I am not.", 또 "아뇨, 배고파요."는 "No, I am."일 것 같은데, 그렇지 않아요.

우리말 대답은 긍정과 부정이 섞여 있어도 괜찮고, 이해하는데 문제가 없어요. 하지만 영어는 〈배가 고프면 무조건 Yes, 안 고프면 무조건 No〉예요. '대답'에 〈긍정과 부정을 섞어 쓰지 않는다.〉 그게 규칙 이에요.

▶ "네, 안 그래요(안 고파요)."　　"Yes, I am not." (X)　"No, I am not." (○)

▶ "아뇨, 배고파요."　　　　　　"No, I am." (X)　"Yes, I am." (○)

긍정의문문의 대답과 똑같이 대답에 'not'이 있으면 'No', 없으면 'Yes'로 답하세요.

너 그 책 안 샀니?　　　　　　Didn't you buy the book?

▶ 아뇨, 샀어요.　　　　　　　Yes, I did.　➡ 샀다면 무조건 'Yes',

▶ 네, 안 샀어요.　　　　　　　No, I didn't.　➡ 안 샀으면 무조건 'No'

4

'There is a bird.'에서
'There'는 정체가 뭐예요?

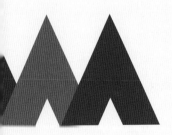

4

'There is a bird.'에서
'There'는 정체가 뭐예요?

📅 공부한 날. ∧∧∧∧∧ 월 ∧∧∧∧∧ 일 ∧∧∧∧∧ 요일

이렇게 공부해요 소리 내어 읽어보며 이해합니다. 선생님이 읽어주는 녹음 파일을 들어보면 더 좋습니다.

지금까지 문장의 다섯 종류 중 '평서문, 의문문, 부정문'을 잘 배웠어요. 나머지 '명령문'과 '감탄문'은 좀 나중에 알아보기로 하고, 이번 시간에는 '유도부사 there'와 '비인칭주어 it'을 살펴보겠어요.

'유도부사? 비인칭주어? 이게 도대체 뭐야?' 이런 생각 들겠지만, 알고 보면 별 거 아니에요. '유도부사 there'는 〈There is/are ~〉형태로 '~가 있다'는 말이고, '비인칭주어 it'은 〈It is ~〉 형태로 시간, 날씨, 거리 등을 나타내요. 사실 이 두 문장의 형태가 보통 문장과 달리 좀 특별하긴 해요. 하지만 책이나 일상 대화에서 아주 많이 쓰이기 때문에 두 문장의 개념과 규칙을 제대로 알아둬야 해요.

'there'와 'it'은 문장 제일 앞에 와서 '주어 역할'을 해요. 그런데 보통 경우와 달리 이 주어 'there'와 'it'은 '뜻'이 없어요. 엥? '주어'로 쓰이는데 뜻이 없다고요? 영어에서 이런 주어를 'Dummy or Empty Subject'라고 불러요. 'dummy'는 '모조품의, 가짜의', 'empty'는 '텅 빈'이란 뜻이에요. 우리말로 '가짜 주어, 빈 주어'라고 부를 수 있어요.

어? 'there'는 '거기에'라는 뜻의 '부사', 'it'은 '그것'이라는 뜻의 '대명사' 아니에요? 네, 맞아요. 'there'는 원래 '부사'로 문장에서 '수식어' 역할을 하고, 'it'은 '대명사'로 문장에서 '주어/목적어/보어' 역할을 해요.

예 • I saw him <u>there</u>. (나는 <u>거기에서</u> 그를 봤다.)

• I have <u>a watch</u>. <u>It</u> is very nice. I wear <u>it</u> every day.

(나는 시계가 하나 있다. <u>그것은</u> 매우 멋지다. 나는 <u>그것을</u> 매일 찬다.)

그런데 특별한 경우로, 뜻이 없는 '가짜 주어' 역할을 하면서, 문장 완성을 도와주는 '지팡이'나 '받침대'처럼 쓰일 때가 있어요.

예 • <u>There</u> is a bird in the tree. (나무에 새 한 마리가 있다.)

→ There는 뜻 없음.

• <u>It</u> was windy yesterday. (어제 바람이 많이 불었다.)

→ It은 뜻 없음.

'유도부사, 비인칭주어, 가짜 주어' 이런 말들이 좀 어렵죠? 하지만 제일 중요한 것은, '~가 있다'로 'There is ~' 문장, '(날짜가) 며칠이다' 등을 표현하려고 할 때 'It is ~' 문장, 이렇게 머릿속에 금방 떠올릴 수 있어야 한다는 점 잊지 마세요~! 🧑

▶ Action ① 가짜 주어를 쓰는 문장들

이렇게공부해요 ✌ 소리 내어 읽으면서 이해합니다. ✌ 내용을 보면서 선생님이 가르치듯 쌤놀이를 합니다. ✌ 확인란에 체크!

이번 시간에는 다음 말을 영어로 어떻게 표현하는지 알아보려고 해요.

① (어, 저기!) "나무에 새 한 마리가 있네요."

　(어!) "문 앞에 강아지가 한 마리 있어요."

② (날씨가) "오늘 춥네요."

　(요일이) "화요일이에요."

'어떤, 막연한, 정해지지 않은'을 어려운 말로 <불특정>이라고 해요.

①번 문장은 '특별히 정해지지 않은' 불특정 대상이 '있다/없다'

이런 상황을 나타내는데, 이럴 때 <There is/are ~> 문장을 써요.

②번은 '시간/날씨/거리' 등을 나타내는데, 이럴 때 <It is ~> 문장을 써요.

그럼 이걸 왜 '함께' 배우냐 하면요, 위 'there'와 'it'가 '주어' 자리에서,

<가짜 주어, 빈 주어(Dummy/Empty Subject)>로 쓰이기 때문이에요.

이런 주어는 '뜻'이 없어요, 그냥 문장이 '완성'되는 데 필요해서,

'주어' 자리에 들어가 문장 뼈대를 '지팡이'처럼 받쳐주는 역할을 해요.

● 평서문 규칙: 먼저 <There is/are ~.>의 평서문 규칙을 보겠어요.

There	+	is / was	+	단수 명사	⇒ ~이/가 있다/있었다.
	+	are / were	+	복수 명사	⇒ ~들이 있다/있었다.

소리 내어 읽었나요? 1회 ☐ 2회 ☐ 쌤놀이를 했나요? Yes ☐ No ☐

▶ Action ❷ There is~ 문장의 규칙

이렇게 공부해요 🖐소리 내어 읽으면서 이해합니다. ✌내용을 보면서 선생님이 가르치듯 쌤놀이를 합니다. ✌확인란에 체크!

There 다음의 'is/are'는 <바로 뒤 명사>가 단수냐, 복수냐 따라 정해져요.

이 명사 표현 부분이 '실제 전달하려는 내용'이에요.

(예) • There **is** a puppy at the door. (문 앞에 강아지 한 마리가 있다.)

• There **is** a bird in the tree. (나무에 새 한 마리가 있다.)

• There **are** birds in the tree. (나무에 새들이 있다.)

※ There **is** the bird in the tree. (X)

↳ 여기에 '특정 대상'을 지칭하는 '정관사 the'를 쓰면 틀려요!

● 부정문 규칙: 두 번째, 부정문 규칙이에요.

There	+	is / was not	+	단수 명사	⇒ ~이/가 없다/없었다.
		are / were not	+	복수 명사	⇒ ~들이 없다/없었다.

(예) • There i**s** not a book on the desk. (책상 위에 책이 하나도 없다.)

• There a**re** not many books on the desk. (책상 위에 책들이 많이 없다.)

☞ 줄임형 : is not → isn't / are not → aren't

● 의문문 규칙: 마지막으로 의문문 규칙이에요.

Is / Was	+	there	+	단수 명사	⇒ ~이/가 있나요/있었나요?
Are / Were			+	복수 명사	⇒ ~들이 있나요/있었나요?

(예) • **Is** there a toy in the box? (박스에 장난감이 있나요?)

[대답] Yes, there is. / No, there isn't.

• **Are** there toys in the box? (박스에 장난감들이 있나요?)

[대답] Yes, there are. / No, there aren't.

☑
소리 내어 읽었나요? 1회 ☐ 2회 ☐ 쌤놀이를 했나요? Yes ☐ No ☐

▶ Action ❸ It is~ 문장의 규칙

이렇게 공부해요 ✌ 소리 내어 읽으면서 이해합니다. ✌ 내용을 보면서 선생님이 가르치듯 쌤놀이를 합니다. ✌ 확인란에 체크!

이제 '비인칭주어 it'의 문장 규칙을 살펴보겠어요.

원래 <it>은 3인칭 대명사로 '그것'이란 뜻을 나타내죠

하지만 '비인칭주어'는 '가리키는 게 없는 주어'란 말로,

이때 'it'은 아무 뜻 없이 '주어' 자리에서 '가짜 주어'로 쓰이고 있어요.

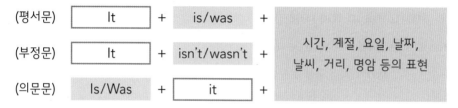

(평서문)	It	+	is/was	+	
(부정문)	It	+	isn't/wasn't	+	시간, 계절, 요일, 날짜, 날씨, 거리, 명암 등의 표현
(의문문)	Is/Was	+	it	+	

의문문의 대답은 <Yes, it is. / No, it isn't.>가 돼요.

그럼 아래 예문으로 '비인칭주어 it'의 쓰임을 알아봅시다.

- **시간** : It is eight o'clock. (여덟시예요.)

- **계절** : It is winter now. (이제 겨울이네요.)

- **요일** : It is Tuesday. (화요일이에요.)

- **날짜** : It is September first. (9월 1일이에요.)

- **날씨** : It is cold today. (오늘 춥네요.)

- **거리** : It is about 5 kilometers. (5킬로미터 정도 거리예요.)

- **명암** : It is dark outside. (밖이 어두워요.)

예문에서 보듯이 'It is'뒤의 내용을 표현하는 말들을 많이 알아둬야 해요.

이번 시간에는 특별한 형태의 영어 문장 두 가지를 만들 수 있게 됐어요.

문장 규칙 익히기가 수월하진 않지만 힘을 내 봅시다~ 화이팅! 👷

소리 내어 읽었나요? 1회 ☐ 2회 ☐ 쌤놀이를 했나요? Yes ☐ No ☐

✔ ✌쌤놀이 내용을 떠올리며 빈칸을 채워봅니다. ✌쌤놀이 내용을 참고해도 됩니다. ✌답 확인 후 소리 내어 읽어보세요.

빈칸에 들어갈 알맞은 말을 써보세요.

1 어떤 불특정 대상이 '있다/없다'를 나타낼 때 '① ☐☐☐☐☐ is/are ~'

문장을 써요. 또 '시간/날씨/거리' 등을 나타내는데 '② ☐☐ is ~' 문장을 써요.

2 영어에서는 ① ☐☐ 주어(Dummy/Empty Subject)를 쓰기도 해요.

이런 주어는 ② ☐ 이 없어요. 그냥 문장이 '완성'되는데 필요해서,

'주어' 자리에 들어가 문장 뼈대를 '지팡이'처럼 받쳐주는 역할을 해요.

3 〈There is/are ~.〉의 문장 규칙은 다음과 같아요.

| There | + | is / was | + ① ☐☐ 명사 ⇒ ~이/가 있다/있었다. |
| | | are / were | + ② ☐☐ 명사 ⇒ ~들이 있다/있었다. |

4 '비인칭주어 it'은 '가리키는 게 없는 주어 it'란 말이에요.

It is/was + 〈시간, 계절, 요일, 날짜, 날씨, 거리, 명암〉 등의 표현

예를 몇 개만 들어보면요,

① ☐☐ : It is eight o'clock. (여덟 시예요.)

② ☐☐ : It is winter now. (이제 겨울이네요.)

③ ☐☐ : It is Tuesday. (화요일이에요.)

1. ① There ② It **2.** ① 가짜 ② 뜻 **3.** ① 단수 ② 복수 **4.** ① 시간 ② 계절 ③ 요일

익힘 문제

이렇게 공부해요

문제를 풀 때 절대 페이지를 넘겨보지 마세요!(쌤놀이 해설이 있음)
100섬 맞기 위해서가 아니라 뭘 모르는지 알기 위해 문제를 풀어보는 거랍니다.^^

A 다음 괄호에서 알맞은 동사를 골라 동그라미 표시하세요.

① There (is / are) a book on the desk.

② There (was / were) many toys on the floor.

③ There (is / are) children in the classroom.

④ There (was / were) a cup and a glass on the table.

B 다음 문장을 주어진 지시대로 '부정문' 또는 '의문문'으로 바꿔 써보세요.

① There is a bird in the tree.

→ (부정문으로) _____

② There are many books here.

→ (부정문으로) _____

③ There is a toy in the box.

→ (의문문으로) _____

④ There are many trees in the park.

→ (의문문으로) _____

C 다음 예시처럼 의문문에 대한 대답을 완성해보세요. (※부정의 대답은 줄임형을 쓸 것.)

> Are there many people on the beach? → No, ____**there aren't**____.
> (해변에 많은 사람들이 있나요?)

① Is there a ball on the floor? → Yes, _____.

② Were there two books on the table? → Yes, _____.

③ Is there a hospital in the village? → No, _____.

④ Was there a school near here? → No, _____.

D 다음 문장 속의 'it'의 쓰임을 구별해서 ✔표시하세요.

① I saw it in her room. ☐ 인칭대명사 It ☐ 비인칭주어 It

② It was bright in the room. ☐ 인칭대명사 It ☐ 비인칭주어 It

③ It is very small and cute. ☐ 인칭대명사 It ☐ 비인칭주어 It

④ It is Thursday. ☐ 인칭대명사 It ☐ 비인칭주어 It

E '비인칭주어 it'의 쓰임을 다음 상자 안에서 골라 빈칸에 번호를 써보세요.

① 시간 ② 계절 ③ 요일 ④ 날짜 ⑤ 날씨 ⑥ 거리

① It is sunny today. → _____

② It is December 25th. → _____

③ It is Wednesday. → _____

④ It is four forty five. → _____

⑤ It is summer. → _____

⑥ It's about 100 meters. → _____

익힘 문제풀이

이렇게 공부해요

👌 정답과 풀이를 보며 채점을 합니다. ✌️ 틀렸거나 헷갈리는 문제는 해설을 읽어보고 쌤놀이로 설명해봅니다. 🤟 모든 문제의 해설을 읽어보면 복습에 큰 도움이 됩니다.

▶️ 풀이

'책 한 권'이 있으므로, 동사는 is가 맞아요.

'많은 장난감들'이 있으므로, were가 맞아요.

'아이들이' 있으므로, 동사는 are가 돼요.

'컵 한 개와 유리잔 한 개'로 총 2개가 있으므로 동사는 were로 써야 해요.

A 다음 괄호에서 알맞은 동사를 골라 동그라미 표시하세요.

① There ((is) / are) a book on the desk. 책상 위에 책 한 권이 있다.

② There (was / (were)) many toys on the floor. 마루 위에 많은 장난감들이 있었다.

③ There (is / (are)) children in the classroom. 교실에는 아이들이 있다.

④ There (was / (were)) a cup and a glass on the table.
탁자 위에 컵 한 개와 유리잔 한 개가 있었다.

▶️ 풀이

부정문은 Be동사 뒤에 'not'을 붙이는데, 동사 is를 is not 또는 isn't로 써주면 맞아요.

동사 are를 are not 또는 aren't로 써줘요.

There와 be동사의 순서를 바꿔주면 의문문이 돼요. 그래서 Is there ~ ? 이렇게 쓰면 돼요.

There와 are의 어순을 바꿔서 Are there ~ ?로 써주면 돼요.

B 다음 문장을 주어진 지시대로 '부정문' 또는 '의문문'으로 바꿔 써보세요.

① There is a bird in the tree. 나무에 새 한 마리가 있다.

→ (부정문으로) There isn't a bird in the tree.

② There are many books here. 여기에 많은 책들이 있다.

→ (부정문으로) There aren't many books here.

③ There is a toy in the box. 상자 안에 장난감이 하나 있다.

→ (의문문으로) Is there a toy in the box?

④ There are many trees in the park. 공원에는 많은 나무들이 있다.

→ (의문문으로) Are there many trees in the park?

▶️ 풀이

Is there ~?로 물었을 때 긍정대답은 Yes, there is. 까지만 써주면 돼요.

C 다음 예시처럼 의문문에 대한 대답을 완성해보세요. (※부정의 대답은 줄임형을 쓸 것.)

① Is there a ball on the floor? → Yes, _____ there is _____.
마루 위에 공 하나가 있니?

② Were there two books on the table? → Yes, <u>there were</u>.
탁자 위에 책 두 권이 있었니?

③ Is there a hospital in the village? → No, <u>there isn't</u>.
그 마을에 병원이 있니?

④ Was there a school near here? → No, <u>there wasn't</u>.
여기 근처에 학교가 있었니?

D 다음 문장 속의 'it'의 쓰임을 구별해서 ✔표시하세요.

① I saw it in her room.　　　　　　☑인칭대명사 It　☐비인칭주어 It
나는 그녀의 방에서 그것을 봤다.

② It was bright in the room.　　　　☐인칭대명사 It　☑비인칭주어 It
방이 밝았다.

③ It is very small and cute.　　　　☑인칭대명사 It　☐비인칭주어 It
그것은 매우 작고 귀엽다.

④ It is Thursday.　　　　　　　　☐인칭대명사 It　☑비인칭주어 It
목요일이다.

E '비인칭주어 it'의 쓰임을 다음 상자 안에서 골라 빈칸에 번호를 써보세요.

> ① 시간　② 계절　③ 요일　④ 날짜　⑤ 날씨　⑥ 거리

① It is sunny today.　　　　　→　**⑤**
오늘 날이 화창하다.

② It is December 25th.　　　　→　**④**
12월 25일이다.

③ It is Wednesday.　　　　　→　**③**
수요일이다.

④ It is four forty five.　　　　→　**①**
4시 45분이다.

⑤ It is summer.　　　　　　　→　**②**
여름이다.

⑥ It's about 100 meters.　　　→　**⑥**
거리가 약 100미터이다.

▶ 풀이

Were there ~? 형태의 긍정대답으로 Yes, there were. 이렇게 써줘요.

Is there ~?의 부정대답은 No, there isn't.예요.

Was there ~?의 부정대답은 No, there wasn't.로 써줘요.

▶ 풀이

'나는 그녀의 방에서 그것을 봤다.'는 뜻으로 여기서 it은 '그것을' 나타내는 (목적격) 인칭대명사예요.

'방이 밝았다'는 뜻으로 '명암'을 나타내는 비인칭주어 It이에요.

It이 주어 '그것은'의 뜻으로 쓰이고 있어요. 따라서 이때 it은 (주격) 인칭대명사예요.

'목요일이다.'는 뜻으로 '요일'을 나타내는 비인칭주어 it이에요.

▶ 풀이

1번은 '날씨'를 나타내고 있어요.

며칠인지 '날짜'를 나타내고 있어요.

무슨 '요일'인지 표현하는 말이에요.

몇 시인지 '시간'을 나타내고 있어요.

어느 '계절'인지 표현하는 말이에요.

얼마나 되는 '거리'인지를 말하고 있어요.

동사 개념 꽉잡기 ② - 동사가 하는 일 세 가지

이렇게공부해요 보충수업이에요. 앞으로 배울 내용과 연관되어 있으니 천천히 소리 내어 읽어보면서 이해합니다.

이번 시간에 배운 〈There is/are ~〉 구문을 다시 한 번 볼까요?

보통은 '주어'의 단수/복수에 따라 동사의 형태가 결정되는데, 이 구문은 be동사 '뒤'의 내용을 봐야 동사를 어떻게 쓸 지 알 수 있어요. 이런 예외적인 경우를 제외하면, 동사는 아래 3가지 역할에 맞춰 형태를 어떻게 쓸지 정할 수 있어요.

① **주어와 단수/복수 맞추기 (= 수 일치 시키기)**

동사가 현재형일 때 단수 주어에는 단수 동사를 쓰고, 복수 주어에는 복수 동사를 써야 해요. 이걸 간단히 말하면, '3인칭 단수 주어에, 현재형인 경우에만 동사 끝에 's/es'를 붙이라는 얘기가 돼요.

② **시간 표현하기**

지금까지 배운 시제 형태는 현재형과 과거형, 두 가지 밖에 없었어요. 하지만 영어에서는 시간을 표현하는 '12가지 시제 형태'가 있어요. 이 12가지 시제 중에서 '미래/진행/완료 시제' 등 중요한 몇 가지 시제 형태를 뒤에서 배울 거예요.

③ **시킴(능동) 또는 당함(수동)을 표현하기**

동사는 주어가 어떤 행동을 직접 하는지 아니면 당하는지도 표현해요. 이걸 '능동과 수동'이라고 말하는데, 〈능동〉은 주어 스스로 그 동작을 하는 모습을 가리키고, 〈수동〉은 주어가 다른 힘에 의해 동작되는 (동작을 받는) 모습을 가리켜요. 예를 들어, 우리말에 능동 형태 '먹다'가 있고, 수동 형태 '먹히다'는 말이 있어요. 우리말은 '히'자를 집어넣어 능동과 수동을 구별하지만, 영어에서는 〈be동사 + 과거분사〉라는 규칙을 써서 수동 형태를 표현해요. '과거분사'가 뭔지에 대해서는 다음에 배울 거예요.

동사 하나 표현하는데 꽤 복잡한 것 같죠? 하지만 익숙해지면 별 거 아니에요. 자전거 타기나 인라인 스케이트 배우기랑 비슷하다고 보면 돼요. 처음 배울 때는 겁도 나고 넘어지기도 하지만 곧 익숙해져서 쌩쌩 달릴 때는 정말 신나잖아요. 문법 공부도 곧 그렇게 될 수 있답니다. ^^

5

의문사는 뭐예요?
또 다른 품사인가요?

5

의문사는 뭐예요?
또 다른 품사인가요?

📅 공부한 날. ∿∿∿∿ 월 ∿∿∿∿ 일 ∿∿∿∿ 요일

이렇게공부해요 소리 내어 읽어보며 이해합니다. 선생님이 읽어주는 녹음 파일을 들어보면 더 좋습니다.

이번 시간에는 '알고 싶은 정보를 묻는 문장'을 배워보겠어요. 예를 들어,

〈그게 뭐니? / 그는 누구니? / 언제 그랬니?〉 이런 거예요.

우리가 '알고 싶은, 궁금한 것'은 보통 아래 여섯 가지로 나눌 수 있어요.

누구	무엇	언제	어디에(서)	왜	어떻게
Who	What	When	Where	Why	How

이런 단어들을 〈의문사〉라고 불러요. 그래서 이런 단어들이 들어간 의문

문을 '의문사 의문문'이라고 해요. 이 '의문사 의문문'이 만들어지는 원리는

'뭘 묻는지 제일 먼저 밝힌다'는 거예요. 그래서 영어에서 '의문사 의문문'은

〈의문사〉가 문장 제일 앞에 와요.

아래 표는 '의문사 의문문'이 만들어지는 원리를 나타내고 있어요.

Yes/No 의문문	내 책은 책상 위에 있니?	Is my book on the table?
의문사 의문문	내 책은 어디에 있니?	Is my book where ? Where is my book? (O)

Yes/No 의문문	너는 사과를 먹었니?	Did you eat an apple?
의문사 의문문	너는 무엇을 먹었니?	Did you eat what ? What did you eat? (O)

이렇게 '의문사 의문문'은, 먼저 문장 제일 앞에 묻고 싶은 〈의문사〉를 쓰고, 그 뒤에 이미 배웠던 'Yes/No 의문문 규칙'을 그대로 따라 써주면 되는 거예요.

그럼 쌤놀이에서 예문으로 〈의문사 의문문〉을 자세히 살펴봅시다~! 👨‍🏫

▶Action ❶ 의문사 의문문의 규칙

이렇게 공부해요   ✌소리 내어 읽으면서 이해합니다. ✌내용을 보면서 선생님이 가르치듯 쌤놀이를 합니다. ✌확인란에 체크!

'묻는 문장'에는 두 가지 경우가 있었던 거 기억나나요?

사실인지 아닌지 확인하는 경우와 구체적인 정보를 물어보는 경우였어요.

(예) 너 배고프냐? (대답: 응, 배고파.) / 너 점심 언제 먹었어? (대답: 1시간 전에.)

앞에서 '사실인지 아닌지 확인하는' <Yes/No 의문문> 규칙을 배웠어요.

'Be동사'일 때와 '일반동사'일 때 규칙이 각각 달랐죠?

이번 시간에는 '구체적인 정보를 물어보는 의문문'을 배울 거예요.

'구체적인 정보'는 '누구, 무엇, 언제, 어디서, 왜, 어떻게' 등인데,

이런 '궁금한 것을 가리키는 말'을 <의문사>라고 불러요.

그래서 이런 종류의 의문문을 '의문사 의문문'이라고 해요.

'의문사 의문문'의 원리는 '뭘 묻는지 제일 먼저 밝히는' 거예요.

그래서 영어에서 '의문사 의문문'은 의문사를 '제일 앞'에 써줘요.

그 뒤에 'Yes/No 의문문'의 규칙을 그대로 써주면 돼요.

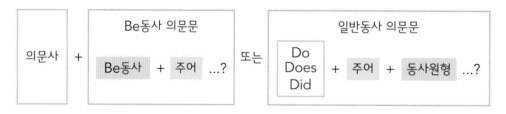

'의문사 의문문'은 묻고자 하는 의문사의 '종류'를 잘 알아야 해요.

의문문을 어떻게 쓰는지는 '많은 예문'을 살펴보는 게 제일 좋답니다.

소리 내어 읽었나요? 1회 □ 2회 □ 쌤놀이를 했나요? Yes □ No □

 쌤놀이

▶ Action ② 의문사의 종류와 예문

이렇게 공부해요 ✌ 소리 내어 읽으면서 이해합니다. ✌ 내용을 보면서 선생님이 가르치듯 쌤놀이를 합니다. ✌ 확인란에 체크!

의문사 종류	예문
① Who 누구, 누구를 사람에 대해 물을 때	A: *Who* are they? B: They are my cousins. (그들이 누구니?) (그들은 내 사촌들이야.) A: *Who* did you meet at the mall? B: I met Kate. (너 쇼핑몰에서 누구를 만났다고?) (나는 Kate를 만났어.)
② What 무엇, 무엇을 사물에 대해 물을 때	A: *What* is that? B: That is a tiny robot. (저게 뭐니?) (저건 아주 작은 로봇이야.) A: *What* do you want for dinner? B: I don't know. (저녁으로 뭘 원하니?) (모르겠어요.)
③ When 언제 시간, 날짜를 물을 때	A: *When* is your birthday? (네 생일이 언제야?) B: It's (on) September first. (9월 1일이야.) A: *When* did you eat lunch? B: An hour ago. (너 점심 언제 먹었어?) (한 시간 전에.)
④ Where 어디에(서) 장소, 위치를 물을 때	A: *Where* is my umbrella? B: It's in the car. (내 우산이 어디 있지?) (그거 차 안에 있어.) A: *Where* do you live? B: I live in Seoul. (너는 어디 사니?) (나는 서울에 살아.)
⑤ Why 왜 이유를 물을 때	A: *Why* is John sad? B: Because he lost his dog. (John이 왜 슬퍼하니?) (왜냐하면 John이 그의 개를 잃어버렸어.) A: *Why* did you come late? (너 왜 늦게 왔니?) B: Because I missed the bus. (왜냐하면 나는 버스를 놓쳤어.)
⑥ How 어떠한, 어떻게 상태, 방법을 물을 때	A: *How* is the weather today? B: It's warm and sunny. (오늘 날씨가 어떠니?) (따뜻하고 화창해요.) A: *How* do you go to school? (너는 학교에 어떻게 가니?) B: I usually walk to school. (나는 보통 걸어서 가.)

☑ 소리 내어 읽었나요? 1회 ☐ 2회 ☐ 쌤놀이를 했나요? Yes ☐ No ☐

► Action ③ 대명사, 형용사, 부사가 될 수 있는 의문사

'Who/What'은 '의문사 자체'가 문장의 '주어'가 될 수 있어요.

이때는 '조동사 + 동사원형'이 아니라, 바로 <Who/What + 동사 ⋯?> 형태로 써요.

- A: Who threw the stone? (누가 돌을 던졌어?)

  B: Tom did. (Tom이 그랬어.)

- A: What changed your mind? (뭐가 네 마음을 바꿨어?)

  B: It's too cold outside. (밖이 너무 추워.)

또 아래처럼, '의문사'가 명사 앞에서 '형용사'처럼 쓰이는 경우도 있어요.

- **의문형용사**

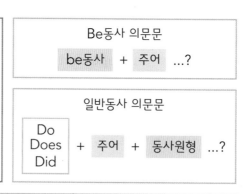

What (무슨/어떤) Which (어느/어떤) Whose (누구의)	명사	Be동사 의문문 be동사 + 주어 ⋯? 일반동사 의문문 Do Does + 주어 + 동사원형 ⋯? Did

A: What sports do you like?
(무슨 운동을 좋아하니?)

B: I like swimming.
(나는 수영을 좋아해.)

A: Which day do you swim?
(어느 요일에 너 수영하니?)

B: I swim on Mondays.
(나는 월요일에 수영을 해.)

A: Whose book is this?
(이거 누구 책이니?)

B: It's mine.
(그거 내 꺼야.)

이렇게 '의문사'는 문장에서 '대명사, 형용사, 부사'가 될 수 있어요.

하지만 더 중요한 것은 언제 어떤 의문사를 쓰는지 잘 아는 거랍니다.

이제 영어로 묻고 싶은 게 있다면, '의문사 의문문'으로 맘껏 물어봅시다~ 🐧

∧∧H 놀이 확인문제

✌ 쌤놀이 내용을 떠올리며 빈칸을 채워봅니다.   ✌ 쌤놀이 내용을 참고해도 됩니다.   ✌ 답 확인 후 소리 내어 읽어보세요.

빈칸에 들어갈 알맞은 말을 써보세요.

1 묻는 문장(의문문)에는 '구체적인 정보를 묻는 의문문'이 있어요.

'궁금한 것을 가리키는 말'을 ① ☐☐☐ 라고 불러요.

2 〈의문사 의문문〉의 원리는 '뭘 묻는지 제일 먼저 밝히는' 거예요.

그래서 '의문사 의문문'은 의문사를 ① ☐☐ 에 써요.

3 '의문사'는 보통 아래 여섯 가지가 있어요.

누구	무엇	언제 ①				어디에(서)	왜	어떻게 ②		
Who	What	☐	☐	☐	☐	Where	Why	☐	☐	☐

4 '의문사 의문문' 규칙은 묻고 싶은 의문사를 제일 먼저 쓴 다음,

그 뒤에 'Yes/No 의문문' 규칙을 따라 써주면 돼요.

또 'Who 자체'가 문장의 '주어'가 될 수가 있는데,

이때는 바로 〈Who + ① ☐☐ …?〉 형태가 돼요.

5 '의문사'가 명사 앞에서 ① ☐☐☐ 처럼 쓰일 때도 있어요.

예 <u>What sports</u> do you like? - I like swimming.

(너는 <u>어떤 운동</u>을 좋아하니?) (나는 수영을 좋아해.)

익힘 문제

이렇게 공부해요

문제를 풀 때 절대 페이지를 넘겨보지 마세요! (쌤놀이 해설이 있음)

100섬 맞기 위해서가 아니라 뭘 모르는지 알기 위해 문제를 풀어보는 거랍니다.^^

A 다음 대화를 완성할 수 있는 알맞은 의문사를 아래 표에서 골라 빈칸에 써보세요.

누구	무엇	언제	어디에(서)	왜	어떻게
Who	What	When	Where	Why	How

1 A: _____ are they?

B: They are my cousins. (그들은 내 사촌들이야.)

2 A: _____ did you eat lunch?

B: An hour ago. (한 시간 전에.)

3 A: _____ is the weather today?

B: It is warm and sunny. (따뜻하고 화창해.)

4 A: _____ do you want for dinner?

B: I want pizza and spaghetti. (나는 피자랑 스파게티를 먹고 싶어.)

5 A: _____ did you come late again?

B: Because I missed the bus. (왜냐하면 내가 버스를 놓쳤기 때문이야.)

6 A: _____ are Maria and James from?

B: They are from Canada. (그들은 캐나다에서 왔어. / 그들은 캐나다 출신이야.)

7 A: _____ do you go to school?

B: I usually walk to school. (나는 보통 학교에 걸어서 가요.)

B 다음 예시처럼 밑줄 친 부분을 묻는 의문문을 완성해보세요. (※'시제'에 주의할 것.)

> That is a small robot. → __What__ __is__ that?
> (그것은 작은 로봇이야.)

① They were <u>at the shopping mall</u>. (그들은 쇼핑몰에 있었어.)

→ _____ _____ they yesterday?

② I met <u>Kate</u> in the library. (나는 도서관에서 Kate를 만났어.)

→ _____ _____ you meet in the library?

③ We play soccer <u>on Sundays</u>. (우리는 축구를 일요일마다 해.)

→ _____ _____ you play soccer?

④ I like <u>swimming</u>. (나는 수영을 좋아해.)

→ _____ sports _____ you like?

⑤ I swim <u>on Thursday</u>. (나는 목요일에 수영을 해.)

→ _____ day _____ you swim?

⑥ <u>Because he lost his dog</u>. (왜냐하면 그가 개를 잃어버렸기 때문이야.)

→ _____ _____ John sad?

⑦ He goes to work <u>by subway</u>. (그는 지하철을 이용해서 출근해요.)

→ _____ _____ Ted go to work?

익힘 문제풀이

정답과 풀이를 보며 채점을 합니다. 틀렸거나 헷갈리는 문제는 해설을 읽어보고 쌤놀이로 설명해봅니다. 모든 문제의 해설을 읽어보면 복습에 큰 도움이 됩니다.

▶ 풀이

대답을 보면 그들이 '누구인지' 말해주고 있어요. 그래서 의문사는 'Who'를 써야 해요.

대답에서 시간을 얘기하고 있어요. 그래서 '언제'인지를 묻는 의문사 'When'을 써야 해요.

날씨가 어떻다는 대답을 하고 있죠. 그래서 날씨가 '어떤지' 묻는 'How'가 맞아요.

저녁으로 '무엇을' 원하는지 묻고 있어요. 그래서 의문사 'What'이 들어가야 해요.

대답에서 버스를 놓친 이유를 말하고 있어요. 그래서 '왜'를 묻는 'Why'가 있어야 해요.

그들이 어디로부터 온 건지 묻고 있어요. 그래서 '어디'를 묻는 'Where'가 필요해요.

학교를 어떻게 가는지 대답하고 있으니까, 묻는 말에는 '어떻게'를 묻는 'How'가 들어가야 해요.

A 다음 대화를 완성할 수 있는 알맞은 의문사를 아래 표에서 골라 빈칸에 써보세요.

① A: _____Who_____ are they? 그들이 누구야?
B: They are my cousins. (그들은 내 사촌들이야.)

② A: _____When_____ did you eat lunch? 너는 언제 점심을 먹었어?
B: An hour ago. (한 시간 전에.)

③ A: _____How_____ is the weather today? 오늘 날씨가 어때?
B: It is warm and sunny. (따뜻하고 화창해.)

④ A: _____What_____ do you want for dinner? 너는 저녁으로 무엇을 원하니?
B: I want pizza and spaghetti. (나는 피자랑 스파게티를 먹고 싶어.)

⑤ A: _____Why_____ did you come late again? 너는 왜 또 늦게 왔니?
B: Because I missed the bus. (왜냐하면 내가 버스를 놓쳤기 때문이야.)

⑥ A: _____Where_____ are Maria and James from? Maria와 James는 어디 출신이니?
B: They are from Canada. (그들은 캐나다에서 왔어. / 그들은 캐나다 출신이야.)

⑦ A: _____How_____ do you go to school? 너는 학교에 어떻게 가니?
B: I usually walk to school. (나는 보통 학교에 걸어서 가요.)

▶ 풀이

'쇼핑몰에'는 장소이므로, '어디'인지를 묻는 의문문 'Where'를 쓰면 돼요. 동사는 대답에 있는 be동사 'were'를 그대로 써주면 돼요.

B 다음 예시처럼 밑줄 친 부분을 묻는 의문문을 완성해보세요. (※'시제'에 주의할 것.)

① They were at the shopping mall. (그들은 쇼핑몰에 있었어.)

→ _____Where_____ _____were_____ they yesterday?
그들은 어제 어디에 있었어?

② I met Kate in the library. (나는 도서관에서 Kate를 만났어.)

→ ___Who___ ___did___ you meet in the library?
너는 도서관에서 누구를 만났어?

'Kate'는 '누구'를 나타내므로, 도서관에서 누구를 만났는지 묻는 말이 돼야 해요. 그래서 의문사 'Who'를 쓰고, 뒤에 말들은 일반동사 의문문 규칙대로 써주면 돼요.(과거형이니까 did)

③ We play soccer on Sundays. (우리는 축구를 일요일마다 해.)

→ ___When___ ___do___ you play soccer?
너는 축구를 언제 하니?

'일요일마다'는 '언제'를 나타내요. 그래서 '언제' 축구를 하는지를 묻는 문장으로 의문사 'When'을 써주고, 일반동사 의문문 규칙대로 조동사 'do'가 필요해요.

④ I like swimming. (나는 수영을 좋아해.)

→ ___What___ sports ___do___ you like?
너는 어떤 스포츠를 좋아하니?

무슨/어떤 운동을 좋아하는지 묻는 문장이 돼야 해요. 정해지지 않은 '무슨/어떤'을 나타내는 의문사는 'What'을 써주고, 일반동사 의문문 규칙대로 조동사 'do'를 써주면 돼요.

⑤ I swim on Thursday. (나는 목요일에 수영을 해.)

→ ___Which___ day ___do___ you swim?
너는 어떤 날(언제) 수영을 하니?

7개의 요일 중 어느 요일인지 묻는 의문사로 'Which'를 써주고, 일반동사 의문문의 규칙대로 2인칭 주어(you)와 현재형에 필요한 조동사는 'do'가 맞아요.

⑥ Because he lost his dog. (왜냐하면 그가 개를 잃어버렸기 때문이야.)

→ ___Why___ ___is/was___ John sad?
John은 왜 슬프니?/슬펐니?

이유를 말하고 있으니까, 의문사는 'Why'가 들어가야 하고, '슬프다/슬펐다'를 나타내는 말은 Be동사가 필요해요. 주어 John은 3인칭 단수니까 Be동사는 is 또는 was를 쓰면 돼요.

⑦ He goes to work by subway. (그는 지하철을 이용해서 출근해요.)

→ ___How___ ___does___ Ted go to work?
Ted는 어떻게 출근을 하니?

일터에 갈 때 '어떻게' 가는지 묻는 말이 필요해요. 그래서 의문사는 'How'를 써야 하고, 일반동사 의문문의 규칙에 따라 3인칭 주어(Ted)와 현재형에 필요한 조동사 'does'를 써요.

주어로 쓰인 'Who'는 몇 인칭이에요?

이렇게공부해요 보충수업이에요. 앞으로 배울 내용과 연관되어 있으니 천천히 소리 내어 읽어보면서 이해합니다.

'Who'나 'What'은 의문사 자체가 문장의 '주어'가 될 수 있다고 했지요? 이때는 〈Who/What + 동사 …?〉 형태로 써야 하는데, 이 부분을 좀 더 자세히 살펴보겠어요.

Yes/No 의문문	Tom이 창문을 깼니?	Did Tom break the window?
의문사 의문문	누가 창문을 깼니?	① Did who break the window? ② Who did break the window? (X) ③ Who broke the window? (O)

위 예의 ①번에서 보듯이 '누가' 창문을 깼는지 모르는 경우일 때, ②번처럼 〈의문사〉를 문장 제일 앞으로 보냈어요. 그런데, 다른 때는 〈의문사〉가 앞으로 나가면 Yes/No 의문문 부분은 그대로 두면 되지만, 〈의문사〉가 문장의 주어일 때는 그렇게 놔두면 틀려요. 올바른 문장이 되려면 ③번과 같이 써줘야 해요.

위 설명이 좀 헷갈린다면, 〈의문사〉 자체가 주어인 경우는 이렇게 생각하면 좀 더 쉬워요. "〈의문사 Who/What〉이 주어인 문장은 그냥 평서문처럼 쓰고 끝에 물음표를 붙인다." 이렇게요. 그리고 이때 'Who/What'은 3인칭 단수로 치기 때문에 동사도 꼭 '단수 동사'를 써줘야 해요. 동사가 과거형일 때는 상관없지만, 현재형일 때는 '-s/-es'를 붙여줘야 해요.

	Who가 주어일 때	What이 주어일 때
과거형	• Who wrote 'Harry Potter'? (누가 해리포터를 썼지?) • Who ate my sandwich? (누가 내 샌드위치를 먹었어?)	• What happened to you? (너에게 무슨 일이 일어났니?)
현재형	• Who lives in that house? (누가 저 집에 살지?) • Who wants this book? (누가 이 책을 원해?)	• What makes this sound? (뭐가 이런 소리를 낼까?) • What causes earthquakes? (무엇이 지진을 일으킬까?)

MH 놀이
▶ 개념 영문법

6

'얼마 정도나 그러냐?'는
어떻게 말해요?

6

'얼마 정도나 그러냐?'는
어떻게 말해요?

📅 공부한 날. 〰〰〰 월 〰〰〰 일 〰〰〰 요일

소리 내어 읽어보며 이해합니다. 선생님이 읽어주는 녹음 파일을 들어보면 더 좋습니다.

지난 시간에 구체적 정보를 묻는 '의문사 의문문'을 배웠어요. 핵심은 '뭘 묻는지 맨 먼저 밝힌다, 즉 의문사를 제일 앞에 쓴다'였어요. 또 어떤 경우에 어떤 의문사를 쓰는지 잘 알아야 한다고 했어요.

이번 시간에는 또 다른 종류의 '의문사'를 배워보겠어요. 먼저, 'How' 바로 뒤에 '형용사/부사'를 붙이는 형태인데요, 〈얼마나 ~한/~하게〉의 뜻을 나타내는 경우예요.

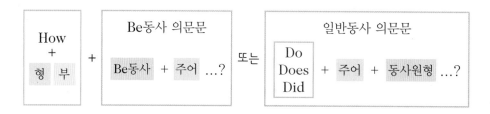

예를 들어 '얼마나 오래되었나?, 몇 살인가?'를 물어볼 때는 'how old'를 쓰고, '얼마나 큰지?'가 궁금할 때는 'how big' 또는 'how large'라는 표현을 써요. 쌤놀이에서 예문을 가지고 좀 더 다양한 표현을 살펴보도록 할게요.

의문사 'How'로 또 다른 의문문을 아래처럼 만들 수 있어요. 우리말로

'~가 얼마나 많은가?'를 표현할 때 쓰는 말이에요.

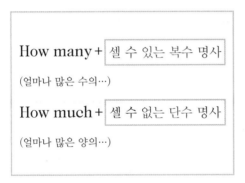

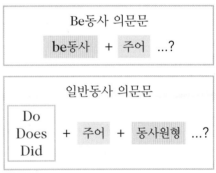

영어에서는 명사를 셀 수 있는 것과 셀 수 없는 것으로 구분해요. '셀

수 있고 없고'에 따라 '얼마나 많은지'를 묻는 의문사도 위 그림처럼 'How

many'와 'How much'로 나뉘어져요.

그럼 이번 시간에는 보다 풍부한 '의문사 의문문'을 표현할 수 있도록

'How + 형용사/부사'와 'How many/much + 명사' 형태를 잘 익혀봅시다!

쌤놀이

▶Action 1 'How~?'와 'How many/much~?'

앞에서 '의문사 의문문'으로 '모르는 정보 알아내기'를 배웠어요.

아래처럼 여러 '의문사 종류'로 궁금한 것들을 물어봤어요.

누구	무엇	언제	어디에(서)	왜	어떻게
Who	What	When	Where	Why	How

그런데 이런 경우에는 어떻게 물어야 할까요?

"너 키가 얼마나 되니?"

"우와, 저 빌딩은 얼마나 높을까?"

"그거 얼마에요?"

"물이 얼마나 있지?"

"너 계란 몇 개나 먹었어?"

모두 '얼마 정도나 …인지'를 묻는 말인데, 이 '<얼마 정도> 의문사'를

만드는 원리는 의문사 'How'의 도움을 받아요. 'How' 바로 뒤에

'형용사/부사'를 붙이거나, '많은'의 뜻인 <many/much>를 써요.

① How + 형용사/부사 ~ : 얼마나 ~한, 얼마나 ~하게

② How + many/much + 명사 ~ : 얼마나 많은 '수' 또는 '양'의 ~

이렇게 '<얼마 정도> 의문사'를 제일 앞에 쓰고, 그 뒤에는

'Be동사 의문문 또는 일반동사 의문문' 규칙을 갖다 붙이면 돼요.

소리 내어 읽었나요? 1회 □ 2회 □ 쌤놀이를 했나요? Yes □ No □

 놀이

▶ Action ② 'How + 형용사/부사~?' 의문문

이렇게 공부해요 ✌ 소리 내어 읽으면서 이해합니다. ✌ 내용을 보면서 선생님이 가르치듯 쌤놀이를 합니다. ✌ 확인란에 체크!

그럼 실제 예문을 보면서 ① How + 형용사/부사 ~ 의문문을 익혀봅시다.

- How old : 얼마나 오래된, 몇 살인 [햇수, 나이]

    A: How old is the museum?   B: It is a hundred years old.

    (그 박물관은 얼마나 오래됐니?)   (그것은 100년 됐어.)

- How tall : 얼마나 큰 [키]

    A: How tall are you?   B: I'm about 160 cm tall.

    (너 키가 얼마나 되니?)   (나는 160센티미터 정도 키야.)

- How high : 얼마나 높은 [높이]

    A: How high is the building?   B: It is a thousand meters high.

    (그 빌딩은 얼마나 높니?)   (그것은 1000미터 높이야.)

- How often : 얼마나 자주 [횟수]

    A: How often do you swim?   B: Twice a week.

    (너 얼마나 자주 수영을 하니?)   (일주일에 두 번이야.)

- How long : 얼마나 긴, 얼마나 오랫동안 [길이, 기간]

    A: How long was the movie?   B: It was two hours long.

    (그 영화 얼마나 길이?)   (2시간 길이였어.)

    A: How long did you stay in the US?   B: For about a year.

    (너 미국에 얼마나 오랫동안 있었니?)   (약 1년 동안이야.)

✔
소리 내어 읽었나요? 1회 ☐ 2회 ☐ 쌤놀이를 했나요? Yes ☐ No ☐

▶ Ａᶜᵗⁱᵒⁿ ③ 'How+many/much+명사~?' 의문문

이렇게 공부해요 🖐소리 내어 읽으면서 이해합니다. ✌내용을 보면서 선생님이 가르치듯 쌤놀이를 합니다. ✌확인린에 체크!

② │ How + many/much + 명사 ~ │의 경우 '명사 종류'에 주의해야 해요.

예를 들어, 'eggs, students, books, cats'처럼 셀 수 있는 명사들은

'many'와 함께 써서 <몇 개/명/권/마리 …>를 표현해요.

'water, milk, money, sugar, salt' 등 셀 수 없는 명사들은

'much'와 함께 써서 <얼마나 많은 양의 …>를 나타낼 수 있어요.

예문을 보는 게 제일 좋으니까 이 의문사도 예문을 바로 살펴보죠.

- │ How many + 셀 수 있는 복수명사 │: 몇 개의 ~

    A: How many eggs did you eat?   B: I ate five eggs.

    (너 달걀 몇 개나 먹었어?)   (나 달걀 다섯 개 먹었어.)

- │ How much + 셀 수 없는 단수명사 │: 얼마의 ~

    A: How much water do we have?   B: We have two bottles of water.

    (우리 물이 얼마나 있니?)   (물 두 병이 있어.)

'그거 얼마에요?'라고 물건 값을 물어볼 때는 <How much 의문사>를 써서

'How much is it?'이라고 표현하면 돼요.

이번 시간에 또 다른 형태의 '의문문'을 살펴봤어요. 이런 의문문들은

영어 동화책을 많이 읽어 문장 경험을 풍부히 해주면 더 잘 익혀진답니다. 👤

소리 내어 읽었나요? 1회 ☐ 2회 ☐ 쌤놀이를 했나요? Yes ☐ No ☐

⚠H 놀이 확인문제

👌 쌤놀이 내용을 떠올리며 빈칸을 채워봅니다.　✌ 쌤놀이 내용을 참고해도 됩니다.　✌ 답 확인 후 소리 내어 읽어보세요.

빈칸에 들어갈 알맞은 말을 써보세요.

1 묻는 문장(의문문) 중 '〈얼마 정도〉 의문사'를 만들 때

의문사 '① ☐☐☐ '의 도움을 받아요.

2 '〈얼마 정도〉 의문사'는 'How' 바로 뒤에 다음과 같은 말을 붙여줘요.

▸ How + ① ☐☐☐ /부사 … ? ⇒ 얼마나 ~한/~하게 …

▸ How + ② ☐☐☐☐ /③ ☐☐☐☐ + 명사 … ?

→ 얼마나 많은 '수' 또는 '양'의 …

3 'How + 형용사/부사 + … ?'에 들어가는 형용사/부사의 예

▸ 얼마나 오래된, 몇 살인 → 〈How ① ☐☐☐ 〉

▸ 얼마나 큰 (키) → 〈How ② ☐☐☐☐ 〉

▸ 얼마나 자주 → 〈How ③ ☐☐☐☐☐ 〉

4 얼마나 많은 '수'인지 물을 때는,

'How many + 셀 수 ① ☐☐ 명사 + … ?' 형태를 쓰고,

얼마나 많은 '양'인지 물을 때는,

'How much + 셀 수 ② ☐☐ 명사 + … ?' 형태를 써요.

익힘
문제

이렇게 공부해요

문제를 풀 때 절대 페이지를 넘겨보지 마세요!(쌤놀이 해설이 있음)

100섬 맞기 위해서가 아니라 뭘 모르는지 알기 위해 문제를 풀어보는 거랍니다.^^

A 다음 대화를 완성하는 데 알맞은 형용사 또는 부사를 다음 상자 안에서 골라 빈칸에 써보세요.

old(오래 된)　tall(큰)　high(높은)　often(자주)　long(긴, 오래)

① A: How _____ is your brother?

B: He's about 170 cm tall. (그는 170센티미터 정도 키예요.)

② A: How _____ is the building?

B: A hundred meters high. (100미터 높이예요.)

③ A: How _____ is the library?

B: It is fifty years old. (그것은 50년 됐어요.)

④ A: How _____ do you swim?

B: I swim twice a week. (나는 일주일에 두 번 수영을 해요.)

⑤ A: How _____ did you stay in Seoul?

B: I stayed there for about two years. (나는 거기 2년 정도 머물렀어요.)

B 다음 예시처럼 밑줄 친 부분을 묻는 의문문을 완성해보세요.

(Question)　A: ___**How**___ ___**much**___ is the book?

(Answer)　B: It is 10 dollars. (그것은 10달러예요.)

① [Q] _____ _____ books do you have in your bag?

[A] I have four books in it. (나는 그 안에 책 네 권이 있어요.)

❷ [Q] _____ _____ money does Emma have?

[A] She has <u>twenty dollars</u>. (그녀는 <u>20달러</u>를 가지고 있어요.)

❸ [Q] _____ _____ children are there in the park?

[A] There are <u>five children</u>. (<u>다섯 명의 아이들</u>이 있어요.)

❹ [Q] _____ _____ milk did you drink?

[A] I drank <u>a cup of milk</u>. (나는 <u>우유 한 컵</u>을 마셨어요.)

C   다음 예시처럼 밑줄 친 부분들 중 <u>틀린</u> 곳을 한 군데 찾아 바르게 고쳐보세요.

> A: How ~~long~~ is your brother? (너의 형은 몇 살이니?)
> B: <u>He's</u> 20 years old. (그는 스무 살이에요.) → old

❶ A: <u>How</u> <u>much</u> is the mountain?

B: <u>It's</u> about 3000 meters high.   → _____

❷ A: How <u>many</u> <u>are</u> the <u>shoes</u>?

B: They're 20 dollars.   → _____

❸ A: <u>When</u> <u>often</u> <u>do</u> you run?

B: I run twice a week.   → _____

❹ A: <u>How</u> <u>big</u> does it <u>take</u>?

B: It takes 30 minutes.   → _____

❺ A: How <u>many</u> <u>book</u> did she read?

B: She <u>read</u> two books last week.   → _____

익힘 문제풀이

이렇게 공부해요

✌️ 정답과 풀이를 보며 채점을 합니다. ✌️ 틀렸거나 헷갈리는 문제는 해설을 읽어보고 쌤놀이로 설명해봅니다. ✌️ 모든 문제의 해설을 읽어보면 복습에 큰 도움이 됩니다.

▶️ **풀이**

1번처럼 키가 얼마나 큰지 물을 때 알맞은 형용사는 'tall'이에요.

높이가 얼마인지 물을 때 알맞은 형용사는 'high'예요.

어떤 사물이 얼마나 오래됐는지 '햇수'를 물을 때 쓰는 형용사는 'old'예요.

뭔가를 얼마나 자주 하는지 '횟수'를 물을 때 쓰는 부사는 'often'이에요.

얼마나 길게 머물렀는지 '기간'을 물을 때 쓰는 부사는 'long'이에요.
(※long은 형용사뿐만 아니라 부사나 동사로도 쓰임.)

A 다음 대화를 완성하는 데 알맞은 형용사 또는 부사를 다음 상자 안에서 골라 빈칸에 써보세요.

> old(오래 된)　tall(큰)　high(높은)　often(자주)　long(긴, 오래)

① A: How _____tall_____ is your brother? 너의 형은 키가 얼마나 크니?
B: He's about 170 cm tall. (그는 170센티미터 정도 키예요.)

② A: How _____high_____ is the building? 그 건물은 얼마나 높니?
B: A hundred meters high. (100미터 높이예요.)

③ A: How _____old_____ is the library? 그 도서관은 얼마나 오래됐니?
B: It is fifty years old. (그것은 50년 됐어요.)

④ A: How _____often_____ do you swim? 너는 얼마나 자주 수영을 하니?
B: I swim twice a week. (나는 일주일에 두 번 수영을 해요.)

⑤ A: How _____long_____ did you stay in Seoul? 너는 서울에 얼마나 오래 머물렀니?
B: I stayed there for about two years. (나는 거기 2년 정도 머물렀어요.)

▶️ **풀이**

복수형 'books(책들)'이 쓰였고 'book'은 셀 수 있는 명사이므로, '책이 몇 권이나 있는지' 물어볼 때는 'How many'를 써줘야 해요.

'money(돈)'은 셀 수 없는 명사이므로, '돈이 얼마나 있는지' 물을 때 쓰는 의문사는 'How much'예요.

B 다음 예시처럼 밑줄 친 부분을 묻는 의문문을 완성해보세요.

① [Q] ____How____ ____many____ books do you have in your bag?
너는 가방 안에 얼마나 많은 책들이 있니?
[A] I have four books in it. (나는 그 안에 책 네 권이 있어요.)

② [Q] ____How____ ____much____ money does Emma have?
Emma는 얼마나 많은 돈을 가지고 있니?
[A] She has twenty dollars. (그녀는 20달러를 가지고 있어요.)

---

❸ [Q] ___How___ ___many___ children are there in the park?
공원에는 얼마나 많은 아이들이 있니?
[A] There are five children. (다섯 명의 아이들이 있어요.)

'children'은 'child'의 복수형으로 셀 수 있는 명사예요. 그래서 '아이들이 몇 명이나 있는지' 물어 볼 때 쓰는 의문사는 'How many'예요.

❹ [Q] ___How___ ___much___ milk did you drink?
너는 얼마나 많은 우유를 마셨니?
[A] I drank a cup of milk. (나는 우유 한 컵을 마셨어요.)

'milk(우유)'는 셀 수 없는 명사예요. 그래서 '우유를 얼마나 마셨는지' 물을 때는 'How much'를 써줘야 해요.

C 다음 예시처럼 밑줄 친 부분들 중 틀린 곳을 한 군데 찾아 바르게 고쳐보세요.

▶ 풀이

❶ A: How ~~much~~ is the mountain? 그 산은 얼마나 높니?
B: It's about 3000 meters high. 약 3천 미터에요.　　→ ___high___

'그 산의 높이가 얼마냐'를 묻는 문장으로 '높이'가 얼마인지 물을 때 쓰는 형용사는 'much(많은)'이 아니라 'high'로 고쳐야 맞아요.

❷ A: How ~~many~~ are the shoes? 그 신발은 얼마니?
B: They're 20 dollars. 그것들은 20달러에요.　　→ ___much___

'신발이 얼마인지' 묻는 말인데, 이렇게 물건 값이 얼마인지 물을 때 쓰는 의문사는 'How much'가 맞아요. (신발은 두 짝이므로 항상 복수형태로 써줘요.)

❸ A: ~~When~~ often do you run? 너는 얼마나 자주 달리니?
B: I run twice a week. 나는 일주일에 두 번 달려요.　　→ ___How___

'얼마나 자주'를 묻는 문장인데, 이때 의문사는 'When(언제)'가 아니라 'How(얼마나)'로 써줘야 해요.

❹ A: How ~~big~~ does it take? 얼마나 오래 걸리니?
B: It takes 30 minutes. 30분 걸려요.　　→ ___long___

'그게 얼마나 시간이 걸리는지' 묻는 말인데, '기간'을 물을 때 알맞은 말은 'big'이 아니라 'long'으로 고쳐 써줘야 맞아요.

❺ A: How many ~~book~~ did she read? 그녀는 얼마나 많은 책을 읽었니?
B: She read two books last week.　　→ ___books___
그녀는 지난주에 두 권의 책을 읽었어요.

'책을 몇 권이나 읽었는지' 묻는 말인데, 'book'은 셀 수 있는 명사이고, 몇 권이나 있는지 물어볼 때 쓰는 형태는 <How many + 복수명사>예요. 따라서 단수로 쓰인 'book'을 복수형 'books'로 고쳐 써줘야 해요.

'How + 형용사/부사 ~?' 의문문 익히기

이렇게 공부해요 'How'로 시작하는 다양한 의문문을 연습해보는 보충수업이에요. 여러 번 소리 내어 읽어봅니다.

붉은 색으로 써진 형용사/부사를 읽어보며 'How + 형 / 부 ~?' 의문문을 복습해봅시다.

- 얼마나 오래된, 몇 살인 (햇수, 나이)   how ___old___
- 얼마나 큰 (키)   how ___tall___
- 얼마나 큰 (크기)   how ___big / large___
- 얼마나 무거운 (무게)   how ___heavy___
- 얼마나 넓은 (넓이)   how ___wide___
- 얼마나 높은/높게 (높이)   how ___high___
- 얼마나 깊은/깊게 (깊이)   how ___deep___
- 얼마나 자주 (횟수)   how ___often___
- 얼마나 멀리 (거리)   how ___far___
- 얼마나 빠른/빠르게 (속도)   how ___fast___
- 얼마나 긴, 오랫동안 (길이, 기간)   how ___long___

예문
- 이 차는 얼마나 오래됐어? → How ___old___ is this car?
- 저 농구선수는 키가 얼마나 커? → How ___tall___ is that basketball player?
- 북극곰은 얼마나 클까? → How ___big___ is a pola bear?
- 이 박스는 얼마나 무거워? → How ___heavy___ is this box?
- 그 길은 얼마나 넓어? → How ___wide___ is the road?
- 하늘은 얼마나 높을까? → How ___high___ is the sky?
- 그 수영장은 얼마나 깊어? → How ___deep___ is the swimming pool?
- 너는 얼마나 자주 영어를 공부하니? → How ___often___ do you study English?
- 여기서 도서관은 얼마나 멀어? → How ___far___ is the library from here?
- 말들은 얼마나 빠르게 달려? → How ___fast___ do horses run?
- 그 영화는 얼마나 길어? → How ___long___ is the movie?
- 너는 얼마동안 거기서 기다렸니? → How ___long___ did you wait there?

개념 영문법

MAH 놀이

7

'간접' 목적어가
'에게' 목적어라고요?

▲ 첫째날 배움
쌤놀이 Action ❶ 4형식 문장의 뼈대
쌤놀이 Action ❷ '에게'는 간접목적어, '을'은 직접목적어
쌤놀이 Action ❸ 대표적인 4형식 동사
쌤놀이 확인문제

▲ 둘째날 익힘
익힘문제
쌤놀이 Action ❹ 익힘문제 풀이
조금 더 알아봐요! 4형식을 3형식으로 왜 바꿔요?

7

'간접' 목적어가 '에게' 목적어라고요?

📅 공부한 날. ˄˄˄˄˄˄ 월 ˄˄˄˄˄˄ 일 ˄˄˄˄˄˄ 요일

이렇게 공부해요 소리 내어 읽어보며 이해합니다. 선생님이 읽어주는 녹음 파일을 들어보면 더 좋습니다.

우리는 1권에서 다음 개념들을 익혔어요.

품사	문장의 재료인 낱말들을 공통된 특징끼리 정돈한 것. (영화배우)
문장성분	문장을 구성하는 부분(요소) 다섯 가지. (배우가 맡는 배역(역할)) → 주어 / 서술어(동사) / 목적어 / 보어 / 수식어
뼈대(중심어)	문장의 중심 뜻을 전해주는 핵심 낱말 또는 말 덩어리 네 가지. → 주어 / 서술어(동사) / 목적어 / 보어
장식(수식어)	중심어를 꾸며주는 낱말 또는 말 덩어리. → 수식(꾸며줌)은 정보를 더해서 더 자세히 해주는 것

위 개념들의 관계를 표로 정리해보면 다음과 같아요.

문장 내 역할	뼈대				장식
	중심어				수식어
	주어	서술어	목적어	보어	
낱말 재료	명사 대명사	동사	명사 대명사	명사 형용사	형용사 부사 전치사구

머리가 좀 아픈 이런 개념을 배우는 이유는 첫째, 영어 문장을 정확하고 빨

리 이해하기 위해서예요. 둘째, 올바른 영어 문장을 만드는 데 도움을 받기 위해서예요.

이 개념들을 이용해서 문장의 중심 뜻을 재빨리 파악하기 위해 장식을 다 떼어내고 뼈대만 남길 수 있는데, 이걸 '문장형식'이라고 해요. '뿌리 문장'과 '문장형식'을 짝지어보면 아래와 같아요.

영어 문장의 뼈대	
뿌리 문장	문장형식
무엇이(누가) 어찌하다.	〈1형식〉 주어(S) + 동사(V)
무엇이(누가) 어떠하다. 무엇이(누가) 무엇이다.	〈2형식〉 주어(S) + 동사(V) + 보어(C)
무엇이(누가) 무엇을 어찌하다.	〈3형식〉 주어(S) + 동사(V) + 목적어(O)

이번 시간에는 '3형식'을 변형한 〈4형식 문장〉을 배우려고 해요. '누가 무엇을 어찌하다.'에서 '누구에게' 그랬는지 표현하는 문장이 네 번째 문장형식, 즉 〈4형식〉이에요. 이 〈4형식〉에 대해 쌤놀이 본문에서 지금부터 자세히 알아봅시다. 🧑

▶ Action ① 4형식 문장의 뼈대

✌ 소리 내어 읽으면서 이해합니다. ✌ 내용을 보면서 신생님이 가르치듯 쌤놀이를 합니다. ✌ 확인란에 체크!

Tom은 Susan과 Mary라는 두 여자 친구가 있었어요.

마침내 Tom은 Susan과 결혼하기로 하고 반지를 선물로 줬어요.

Tom은 이 사실을 친구 Mike에게 얘기하고 싶었어요.

"나 Susan에게 반지를 줬어."라고요.

자, 이걸 영어로 어떻게 표현할까요?

'누가 무엇을 어찌하다.'를 어떻게 표현하는지는 이미 배웠어요.

3형식 '주어 + 동사 + 목적어' 형태를 쓰면 해결이 돼요.

그런데 위와 같이 <누가 누구에게 무엇을 어찌하다.>는 처음이에요.

일단은, 3형식에 '누구에게'란 정보만 끼워주면 될 거 같아요.

그럼 그걸 어떻게 하느냐가 이번 시간의 주제가 되겠어요.

영어에서는 3형식에 '누구에게'를 끼워 문장을 변형시킬 수 있어요.

이걸 <4형식>이라고 하고, 4형식 문장의 뼈대는 다음과 같아요.

● 4형식 문장의 뼈대

주어	동사	간접 목적어	직접 목적어
S	V	I.O	D.O
누가	어찌하다	누구에게	무엇을

위 그림처럼 <누구에게>가 '동사와 목적어 사이'로 들어갔어요.

소리 내어 읽었나요? 1회 ☐ 2회 ☐ 쌤놀이를 했나요? Yes ☐ No ☐

MH 놀이

▶ Action ② '에게'는 간접목적어, '을'은 직접목적어

✌️ 소리 내어 읽으면서 이해합니다. ✌️ 내용을 보면서 선생님이 가르치듯 쌤놀이를 합니다. ✌️ 확인란에 체크!

4형식 형태에 '간접목적어'와 '직접목적어'란 이상한 말이 있죠?

그건 영어 'Indirect Object(간접 목적어)'와 'Direct Object(직접 목적어)'를

우리말로 옮기면서 붙여진 이름이에요.

왜 영어에서 '직접/간접 목적어'라고 부르느냐 하면,

예를 들어, 아까 '나는 Susan에게 반지를 줬어.'는

<u>I gave Susan a ring.</u>>으로 쓸 수 있어요.

일단 <N-V-N(명사-동사-명사) 원리>에 따라, 동사 뒤(= 동사 오른쪽)에

오는 명사는 '목적어'가 돼요. 그럼 4형식은 '목적어가 두 개'인 거예요.

여기서 내가 실제 건네 준 것, 즉 '직접 준 것'은 '반지'예요.

그래서 '반지'를 <직접 (준) 목적어>라고 부르는 거예요.

그럼 'a ring'이 <직접 목적어>이면, '직접'의 상대적인 말은

'간접'이고, 그래서 'Susan'은 <간접 목적어>라고 부르는 거예요.

정리를 해보면, <명사 + 동사 + 명사① + 명사②> 형태가

영어 문장의 4형식 형태인데, 명사①은 '간접목적어'로 '누구에게'가 되고,

명사②는 '직접목적어'로 '무엇을'이 되는 거예요.

예 Tom wrote <u>Mary</u> <u>a long letter</u>. (Tom은 <u>Mary</u>에게 긴 편지를 썼다.)

☑️

소리 내어 읽었나요? 1회 ☐ 2회 ☐   쌤놀이를 했나요? Yes ☐ No ☐

▶Action ❸ 대표적인 4형식 동사

이렇게공부해요 ✌소리 내어 읽으면서 이해합니다. ✌내용을 보면서 선생님이 가르치듯 쌤놀이를 합니다. ✌확인란에 체크!

그럼 모든 동사를 4형식의 동사로 쓸 수 있을까요?

아뇨, 그렇진 않아요. 왜냐하면 4형식 문장의 뜻 때문에 그래요.

4형식은 주로 '누구에게' '어떤 대상'이 전해지는 뜻을 가졌어요.

그래서 동사가 '누구에게 뭔가를 전달하는 뜻'을 가져야만 해요.

누구에게 뭔가를 전달하는 뜻을 가진 동사는 다음과 같은 동사들이에요.

대표적인 4형식 동사	
①형	give, pass, send, show, teach, tell, read, write, …
②형	buy, cook, make, get, …
③형	ask

왜 세 가지 종류로 나눴는지는 뒤의 <조금 더 알아봐요!>에서 배울 거고요,

여기서는 예문을 살펴보며 4형식의 쓰임을 잘 익혀봐요.

예

• Henry showed Ben his new bike. (Henry는 Ben에게 그의 새 자전거를 보여줬다.)

• Mrs. Smith teaches students English. (Smith 선생님은 학생들에게 영어를 가르친다.)

• Dad bought me a beautiful dress. (아빠는 나에게 아름다운 드레스를 사주셨다.)

• His uncle made him a toy. (그의 삼촌은 그에게 장난감 하나를 만들어줬다.)

• Jessie asked her mom a question. (Jessie는 그녀의 엄마에게 질문을 하나 물어봤다.)

'누구에게' 자리에 대명사가 오면 '목적격' 대명사를 쓴다는 걸 주의하세요.

이제 4형식으로 우리가 영어로 할 수 있는 말이 더 늘었어요. 기쁘지 않나요? 👨

소리 내어 읽었나요? 1회 ☐ 2회 ☐ 쌤놀이를 했나요? Yes ☐ No ☐

▲▲H 놀이 확인문제

✌ 쌤놀이 내용을 떠올리며 빈칸을 채워봅니다. ✌ 쌤놀이 내용을 참고해도 됩니다. ✌ 답 확인 후 소리 내어 읽어보세요.

빈칸에 들어갈 알맞은 말을 써보세요.

1 품사, 문장성분, 중심어, 수식어, 문장형식 등의 개념을 배우는 이유는

첫째, 영어 문장을 ① ☐☐ 하고 ② ☐☐ 이해하기 위해서예요.

둘째, ③ ☐☐☐ 영어 문장을 만드는 데 도움을 받기 위해서예요.

2 〈4형식 문장〉은 '3형식' 문장을 다음과 같이 변형한 거예요.

➡ '누가 ① ☐☐☐☐ 무엇을 어찌하다.'

3 〈4형식 문장〉의 뼈대 형태는 다음과 같아요.

〈주어 + 동사 + ① ☐☐☐☐☐ + ② ☐☐☐☐☐ 〉
　　S　　V　　　　　　I.O　　　　　　　　　D.O

4 〈4형식 문장〉은 동사 뒤에 '목적어가 두 개' 오는 경우에요.

예를 들어, 'I gave <u>Susan</u> <u>a ring</u>.'이란 문장이 있을 때,

〈a ring〉이 '직접목적어'인 이유는 그 '반지'가 'Susan'에게

① ☐☐ 준 대상이기 때문이에요. '직접'의 상대적인 말은 ② ☐☐ 이고,

그래서 'Susan'은 '간접목적어'라고 불러요.

익힘 문제

이렇게 공부해요
문제를 풀 때 절대 페이지를 넘겨보지 마세요!(쌤놀이 해설이 있음)
100점 맞기 위해서가 아니라 뭘 모르는지 알기 위해 문제를 풀어보는 거랍니다.^^

A 다음 표의 문장형식을 참고하여 예시처럼 문장 형식의 번호를 빈칸에 써보세요.

문장형식	낱말 순서	예문
① 1형식	〈주어 + 동사〉	• The girl sings on the stage.
② 2형식	〈주어 + 동사 + 주격보어〉	• Her mother is happy. • Her mother is a nurse.
③ 3형식	〈주어 + 동사 + 목적어〉	• Tom bought a present.
④ 4형식	〈주어 + 동사 + 간접목적어 + 직접목적어〉	• Tom gave Susan a present.

| The snail | moved | slowly.　　　　　　　　→ ____①____
(달팽이는 천천히 움직였다.) → 무엇이 어찌하다.　　　　　　　(1형식)

❶ | The boy | was | brave. |　　　　　　　→ _____

❷ | The monkey | ate | a banana. |　　　→ _____

❸ | Mom | cooked | us | spaghetti. |　　　→ _____

❹ | The boys | swam | in the river.　　　→ _____

❺ | My uncle | has | a nice car. |　　　→ _____

❻ | Ben | showed | Tim | his new bike. |　→ _____

❼ | Her name | is | Sophie. |　　　　　→ _____

B 한글 해석에 맞게 주어진 단어를 배열하여 올바른 문장을 써보세요.

① Ms. Dee는 우리에게 영어를 가르친다. (us, Ms. Dee, English, teaches)

→ _____

② 우리는 할머니께 선물을 보내드렸다. (Grandma, we, a present, sent)

→ _____

③ Sean은 그녀에게 그의 그림을 보여줬다. (his painting, Sean, her, showed)

→ _____

④ 나의 삼촌은 나에게 장난감을 만들어줬다. (made, a toy, me, my uncle)

→ _____

C 다음 빈칸에 들어갈 수 있는 것을 모두 고르세요.

① My grandma _____ me a present.

① sent   ② looked   ③ knew   ④ bought

② Josh gave _____ a book.

① her   ② they   ③ Sally   ④ me

③ The man showed us _____.

① the way   ② big   ③ and   ④ to

익힘 문제풀이

🎵 정답과 풀이를 보며 채점을 합니다. ✌️ 틀렸거나 헷갈리는 문제는 해설을 읽어보고
쌤놀이로 설명해봅니다. 🤟 모든 문제의 해설을 읽어보면 복습에 큰 도움이 됩니다.

▶️ 풀이

'그 소년은 용감했다'는 뜻으로 '무엇이 어떠하다'를 나타내는 <2형식> 문장이에요.

'원숭이는 바나나를 먹었다'는 뜻으로 '무엇이 무엇을 어찌하다'를 나타내어 <3형식>이에요.

'엄마는 우리에게 스파게티를 요리해 줬다'는 뜻으로, 누가 누구에게(우리에게 - 간접목적어) 무엇을(스파게티를 - 직접목적어) 어찌하다'는 형태예요. 그래서 <4형식> 문장이에요.

'그 소년들은 강에서 수영했다'는 뜻으로 '무엇이 어찌하다'를 나타내는 <1형식> 문장이에요.

'나의 삼촌은 멋진 차를 가지고 있다'는 뜻으로, '무엇이 무엇을 어찌하다'의 형태가 되어 <3형식> 문장이에요.

'Ben은 Tim에게 그의 새 자전거를 보여줬다'는 말이에요. '누가 누구에게 무엇을 어찌하다'를 나타내는 <4형식> 문장이에요.

'그녀의 이름은 Sophie이다'는 뜻으로 '무엇이 무엇이다'를 나타내어 <2형식> 문장이에요.

A 다음 표의 문장형식을 참고하여 예시처럼 문장 형식의 번호를 빈칸에 써보세요.

① The boy | was | brave. → ❷

② The monkey | ate | a banana. → ❸

③ Mom | cooked | us | spaghetti. → ❹

④ The boys | swam | in the river. → ❶

⑤ My uncle | has | a nice car. → ❸

⑥ Ben | showed | Tim | his new bike. → ❹

⑦ Her name | is | Sophie. → ❷

B 한글 해석에 맞게 주어진 단어를 배열하여 올바른 문장을 써보세요.

❶ Ms. Dee는 우리에게 영어를 가르친다. (us, Ms. Dee, English, teaches)

→ Ms. Dee teaches us English.

❷ 우리는 할머니께 선물을 보내드렸다. (Grandma, we, a present, sent)

→ We sent Grandma a present.

❸ Sean은 그녀에게 그의 그림을 보여줬다. (his painting, Sean, her, showed)

→ Sean showed her his painting.

❹ 나의 삼촌은 나에게 장난감을 만들어줬다. (made, a toy, me, my uncle)

→ My uncle made me a toy.

▶️ 풀이

'누가 누구에게 무엇을 어찌한다'는 4형식 문장이에요. 이를 영어 어순에 맞춰 다시 써보면 'Ms. Dee는 / 가르친다 / 우리에게 / 영어를'이 돼요.

한글 해석을 4형식 영어 어순에 맞춰 다시 써보면 '우리는 / 보내드렸다 / 할머니에게 / 선물을.' 여기에 영어 단어를 그대로 맞춰 배열하면 돼요.

4형식 영어 어순에 맞춰 다시 써보면 'Sean은 / 보여줬다 / 그녀에게 / 그의 그림을'이 돼요.

역시 4형식 영어 어순에 맞춰 다시 써보면 '나의 삼촌은 / 만들어줬다 / 나에게 / 장난감을'이 돼요.

C 다음 빈칸에 들어갈 수 있는 것을 모두 고르세요.

❶ My grandma _____ me a present.

❶ sent
보냈다

② looked
보았다

③ knew
알았다

❹ bought
샀다

❷ Josh gave _____ a book.

❶ her
그녀에게

② they
그들은

❸ Sally
Sally에게

❹ me
나에게

❸ The man showed us _____.

❶ the way
그 길을

② big
큰

③ and
그리고

④ to
~에게

▶️ 풀이

문장에 동사가 없으므로, 동사가 필요해요. 문장 형태는 '나의 할머니가 나에게 선물을 어찌했다.'는 뜻으로, 이 4형식에 알맞은 동사는 'sent(보냈다)'와 'bought(사줬다)'가 돼요.

'Josh가 ~에게 책을 주었다'는 뜻으로, <간접목적어>가 필요한 상황이에요. <간접목적어>가 될 수 있는 것은 '명사' 또는 '목적격 대명사'이므로, 답은 ①, ③, ④번이 맞아요.

'그 남자가 우리에게 ~을 보여줬다'는 말로, 뭘 보여줬는지 <직접목적어>가 필요해요. <직접목적어>가 될 수 있는 것은 '명사' 또는 '목적격 대명사'이므로 답은 ①번 밖에 없어요.

4형식을 왜 3형식으로 바꿔요?

이렇게 공부해요 보충수업이에요. 앞으로 배울 내용과 연관되어 있으니 천천히 소리 내어 읽어보면서 이해합니다.

앞의 쌤놀이에서 '누구에게(간접목적어) 무엇을(직접목적어) 어찌한다(주로 전달하는 의미)'라는 형태의 문장을 4형식이라고 배웠어요. 그리고 이 4형식 문장에는 모든 동사를 쓸 수 있는 게 아니고, '누구에게 뭔가를 전달하는' 뜻을 가진 동사만 써줄 수 있다고 했어요. 그런데 이 4형식 문장을 3형식 문장으로 바꿔서 쓰는 경우가 있어요. 왜 귀찮게 문장을 4형식으로 만들었다가 또 3형식으로 바꿀까요? 다음과 같은 이유 때문이에요.

● **'누구에게' 줬는지를 강조하기 위해 바꿔요!**

Tom이 Mike에게 "I gave Susan a ring.(나 Susan에게 반지를 줬어.) → [4형식]" 이렇게 말했는데, Mike가 이 말을 잘못 알아듣고는, "Who did you give the ring to?(누구한테 반지를 줬다고?)" 이렇게 물어봤어요. 이런 상황에서 "I gave it to Susan.(Susna한테 줬다고!) → [3형식]" 이렇게 3형식으로 바꿔 말하면, '누구에게' 줬는지가 새롭게 강조가 돼요.

● **'직접목적어'가 '대명사'일 때는 4형식 형태로 쓰지 않기 때문에 바꿔요!**

⑩ I gave Susan it. (X) → I gave it to Susan. (O)

이처럼 직접목적어인 '무엇을' 자리에 대명사가 오는 경우에는 4형식 형태로 쓰지 않아요. 그래서 어쩔 수 없이 3형식 형태로 바꿔서 써줘야 해요.

● **4형식을 3형식으로 바꿀 때, 동사에 따라 전치사가 달라져요!**

4형식을 3형식으로 바꿀 때 동사에 따라 전치사가 달라지니 주의해야 해요.

	대표적인 4형식 동사	3형식으로 바꿀 때 필요한 전치사
①형	give, pass, send, show, teach, tell, read, write …	to
②형	buy, cook, make, get, …	for
③형	ask	of

⑩ [4형식] John bought Amy a dress. John은 Amy에게 드레스를 사줬다.

　　[3형식] John bought a dress to Amy. (X) → John bought a dress for Amy. (O)

8

목적어를 '보충설명' 한다는 게 무슨 말이에요?

8

목적어를 '보충설명' 한다는 게
무슨 말이에요?

📅 공부한 날. ᗢᗢᗢ 월 ᗢᗢᗢ 일 ᗢᗢᗢ 요일

이렇게 공부해요 소리 내어 읽어보며 이해합니다. 선생님이 읽어주는 녹음 파일을 들어보면 더 좋습니다.

1, 2, 3형식 문장에는 주인공이 주어 하나 뿐이었어요. 그런데 지난 시간에 배운 '4형식'에는 주어인 1차 주인공과 더불어 2차 주인공이 추가됐어요. 그래서 4형식은 '1차 주인공이 〈2차 주인공에게〉 뭘 어찌한다'는 내용을 표현해요. 이번 시간에도 문장에 2차 주인공이 등장하는 새로운 형태를 배울텐데, 바로 '5형식 문장'이에요. 5형식 문장은 한마디로, 2차 주인공인 목적어의 '정체가 무엇인지' 또는 '상태가 어떠한지'를 나타내줘요. 이렇게 목적어 뒤에서 목적어의 '정체'나 '상태'를 나타내는 것을, '목적어를 보충설명 해준다'라고 얘기해요. 먼저 아래 얘기를 한번 들어보세요.

Sam의 별명은 '범생이'예요. 태어날 때부터 그랬대요. 그래서 우리는 Sam을 'Mr. Good'이라고 불러요. Sam은 공부도 잘했고, 아이들도 잘 도와줬어요. 회장 선거에서 우리는 Sam을 반 회장으로 뽑아줬어요. 그런데 Bob은 그런 Sam을 싫어했어요. Sam이 반 회장이 된 게 Bob을 화나게 만들었어요.

자 그럼, 위 이야기에서 문장 세 개를 뽑아서 다시 보겠어요.

① 우리는 Sam을 Mr. Good이라고 부른다.
② 우리는 Sam을 반 회장으로 뽑았다.

③ 그것이 Bob을 화나게 만들었다.

이런 문장을 영어로 표현하는 법을 이번 시간에 배울 건데요, 위 세 가지 문장들은 모두 '하나의 문장 형태'로 나타낼 수 있어요. 어떻게 그럴 수 있는지 앞의 세 문장을 '영어식 어순'에 맞춰 다시 정리를 해보겠어요.

① 우리는 / 부른다 / Sam을 / Mr. Good이라고.

② 우리는 / 뽑았다 / Sam을 / 반 회장으로.

③ 그것이 / 만들었다 / Bob을 / 화난 상태로.

앞쪽 세 낱말은 〈주어+동사+목적어〉 3형식 형태예요. 그런데, '목적어'와 '바로 뒤의 낱말'은 다음과 같은 관계를 보여줘요.

① [Sam is Mr. Good.] / ② [Sam is class president.] / ③ [Bob is angry.]
　　(누가 무엇이다 → 정체)　　(누가 무엇이다 → 정체)　　(누가 어떠하다 → 상태)

바로 '2형식' 형태죠. '목적어 바로 뒤의 낱말'은, 목적어(Sam, Sam, Bob)를 보충설명 해주는 '보어'(Mr. Good, class president, angry)의 역할을 하고 있어요. 바로 이렇게 〈주어+동사+목적어〉 다음에 〈목적어의 보어〉가 따라붙는 문장을 '5형식' 문장이라고 해요. 그럼 본문에서 쌤놀이를 하면서 이 5형식을 좀 더 자세히 알아봅시다. 👤

# 놀이

이렇게 공부해요 ✌ 소리 내어 읽으면서 이해합니다. ✌ 내용을 보면서 선생님이 가르치듯 쌤놀이를 합니다. ✌ 확인란에 체크!

지금까지 배운 문장의 형태는 1형식에서 4형식까지 네 가지였는데,

이번 시간에는 다섯 번째 문장 형태인 <5형식>이란 걸 배워보겠어요.

이 5가지 문장 형태는 모두 평서문이에요. 앞에서 배운 부정문, 의문문

형태까지 포함하면 정말 엄청난 수의 문장을 만들 수 있겠죠?

스스로를 자랑스럽게 느끼면서, 아래 예를 한번 볼까요?

① Sam은 우리를 행복하게 만들었다.

② 우리는 Sam을 반 회장으로 뽑았다.

위 각각의 문장에서 등장하는 인물이 어떻게 되죠?

주어인 1차 주인공과 더불어 목적어가 2차 주인공이 돼요.

좀 더 이해하기 쉽도록 위 예를 영어 어순으로 바꿔보겠어요.

① Sam은   만들었다   우리를   행복하게 (행복한 상태로).

② 우리는   뽑았다   Sam을   반 회장으로.

    <주어> + <동사> + <목적어> +   ?
      ↘ 1차 주인공   ↘ 2차 주인공

자, 이렇게 써보니 다음과 같은 그림이 그려져요.

<1차 주인공이 뭘 했다> ⇒ <2차 주인공이 어떠하도록/무엇이도록>

일단 앞쪽의 세 낱말은 3형식 <주어+동사+목적어> 그대로예요.

그런데, 목적어 뒤에 오는 말은 어떻게 처리를 해줘야 할까요?

▶️ Action ② 2차 주인공의 상태/정체 표현하기

이렇게공부해요 ✌️ 소리 내어 읽으면서 이해합니다. ✌️ 내용을 보면서 선생님이 가르치듯 쌤놀이를 합니다. ✌️ 확인란에 체크!

목적어 뒤의 말 '행복하게'와 '반 회장으로'는 꼭 필요한 말이에요.

애초에 이런 뜻을 전하려고 이 말을 꺼낸 거였거든요.

그런데 '목적어 뒤의 말'은 목적어와 이런 모습을 보여주고 있어요.

'우리를 행복하게'는   우리가 행복한 <상태>에 있도록,

'Sam을 반회장으로'는   Sam의 <정체>가 반회장이 되도록.

1권의 12단원에 '보어'를 설명하는 표가 아래와 같이 있었어요.

주어	+	Be동사	+	보어	<무엇이 어떠하다.>와 <무엇이 무엇이다.>
Tom		is		happy.	(상태) → '형용사'를 써요.
Tom		is		a student.	(정체) → '명사'를 써요

Tom = happy / Tom = student

주어의 '상태'나 '정체'를 나타내면서 주어를

'보충 설명'하고 있기 때문에 주어와 보어는

<u>같은 셈이에요.</u>

<보어>란 주어의 '상태'나 '정체'를 나타내면서 주어를 보충 설명해줘요.

그런데 지금 '행복하게'와 '반 회장으로' 같은 말들이 '목적어'에게

똑같이 그런 역할을 해주고 있어요. 즉, 목적어 뒤에 위치해서

목적어의 상태나 정체를 밝혀주며 목적어의 의미를 보충해줘요.

☑️ 소리 내어 읽었나요? 1회 ☐ 2회 ☐ 쌤놀이를 했나요? Yes ☐ No ☐

▶ Action ❸ 5형식 문장의 목적격 보어

이렇게 공부해요 ✌ 소리 내어 읽으면서 이해합니다. ✌ 내용을 보면서 선생님이 가르치듯 쌤놀이를 합니다. ✌ 확인란에 체크!

이처럼 어떤 문장은 목적어 뒤에 '목적어를 보충 설명'해주는 말이 와요.

목적어 뒤에서 목적어의 '상태'나 '정체'를 밝히며 의미를 보충해주는 말,

이 말을 '목적격 보어'라고 하고, 이런 문장을 <5형식>이라고 하는 거예요.

주어	동사	목적어	목적격 보어
S	V	O	O.C
누가	어찌하다	무엇을	~하도록/~하게

앞에서 '주어'를 보충 설명해줬던 말은 '주격 보어'라고 부르면 돼요.

'목적격 보어'는 '주격 보어'와 똑같이 '형용사'나 '명사' 재료를 써요.

이제 5형식으로 앞의 문장들을 완성해보면 다음과 같아요.

- 우리는 Sam을 Mr. Good이라고 부른다. → We call Sam Mr. Good.
- 우리는 Sam을 반 회장으로 뽑았다. → We elected Sam class president.
- Sam은 우리를 행복하게 만들었다. → Sam made us happy.
- 그것이 Bob을 화나게 만들었다. → That made Bob angry.

한 가지 주의할 것은, 우리말에서 '~하게'란 말은 주로 <부사>라서,

'목적격 보어' 자리에 실수로 'happily'나 'angrily' 같은 <부사>를 쓰면

절대 안돼요. 영어에서 '보어'는 꼭 '명사' 또는 '형용사'예요.

5형식은 다른 형태가 더 있지만 그건 3권에서 배울 거예요.

이로써 평서문의 5가지 형식을 모두 마무리했어요.

축하와 응원의 박수 한번 칠까요? 짝짝짝~ 👨

소리 내어 읽었나요? 1회 □ 2회 □ 쌤놀이를 했나요? Yes □ No □

⚠H 놀이 확인문제

✓ ☝쌤놀이 내용을 떠올리며 빈칸을 채워봅니다. ✌쌤놀이 내용을 참고해도 됩니다. ✇답 확인 후 소리 내어 읽어보세요.

이렇게공부해요

빈칸에 들어갈 알맞은 말을 써보세요.

1 3형식(주어 + 동사 + 목적어)의 변형으로, 문장의 뜻이 완성되려면

목적어 뒤에 '상태'나 '정체'를 나타내는 말이 필요한 문장이 있어요.

이 목적어 뒤에서 '상태'나 '정체'를 나타내며 목적어를 보충 설명하는 말을

'① ☐ ☐ ☐ ☐ ☐'라고 부르고,

이런 형태를 '② ☐ ☐ ☐' 문장이라고 해요.

2 〈5형식 문장〉의 뼈대 형태는 다음과 같아요.

〈주어 + 동사 + ① ☐ ☐ ☐ + ② ☐ ☐ ☐ ☐ ☐〉

　　　S　　　V　　　　　　O　　　　　　　　　O.C

3

• Tom is happy.	→ 〈2형식 문장〉의 'happy'와 'a student'는 주어를 보충 설명해주고 있기 때문에 ① ☐ ☐ 보어 라고 불러주면 돼요.
• Tom is a student.	

4 'Sam은 우리를 행복하게 만들었다.'라는 문장을 쓸 때,

• Sam made us happily. (X) → 〈happily〉를 쓰면 틀려요.

우리가 행복한 '상태'로 만들어지므로 상태를 표현하는 ① ☐ ☐ ☐ 를

써줘야 해요.

• Sam made us happy. (O)

익힘
문제

📅 공부한 날.　　　월　　　일　　　요일

이렇게 공부해요

문제를 풀 때 절대 페이지를 넘겨보지 마세요!(쌤놀이 해설이 있음)

100점 맞기 위해서가 아니라 뭘 모르는지 알기 위해 문제를 풀어보는 거랍니다.^^

A 다음 예시처럼 주어진 문장이 4형식인지 5형식인지 구별해서 동그라미 표시하고, 밑줄 친 부분의 문장성분을 써보세요.

> We call Sam <u>Chief</u>.　　→ (4형식 (5형식))　　목적격 보어
> (우리는 Sam을 대장이라 부른다.)

➊ They named their baby <u>Alex</u>. (그들은 그들의 아기를 Alex라고 이름 지었다.)

→ (4형식 / 5형식)　_____

➋ Arthur wrote her <u>a long letter</u>. (Arthur는 그녀에게 긴 편지를 썼다.)

→ (4형식 / 5형식)　_____

➌ Mom makes us <u>happy</u>. (엄마는 우리를 행복하게 해주신다.)

→ (4형식 / 5형식)　_____

➍ Grandpa told us <u>many stories</u>. (할아버지는 우리에게 많은 얘기를 들려주셨다.)

→ (4형식 / 5형식)　_____

➎ I didn't call you <u>a fool</u>. (나는 너를 바보라고 부르지 않았어.)

→ (4형식 / 5형식)　_____

B 한글 해석에 맞게 주어진 단어를 배열하여 올바른 문장을 써보세요.

1 그의 책은 그를 유명하게 만들었다. (famous, him, his book, made)

→ _____

2 나는 Sam이 정직하다는 걸 알게 됐다. (I, Sam, found, honest)

→ _____

3 우리는 그 강아지를 Max라고 이름 지었다. (named, Max, we, the puppy)

→ _____

4 그들은 David를 그 팀의 주장으로 뽑았다. (captain of the team, elected, they, David)

→ _____

C 올바른 문장이 되도록 괄호에서 알맞은 말을 골라 동그라미 표시하세요.

1 The small fox made the big dog (angry / angrily).

2 People in the village found the woman (kind / kindly).

3 The boy called his uncle (to Champ / Champ).

4 The children chose (his / him) their first player.

익힘 문제풀이

이렇게 공부해요

정답과 풀이를 보며 채점을 합니다. 틀렸거나 헷갈리는 문제는 해설을 읽어보고 쌤놀이로 설명해봅니다. 모든 문제의 해설을 읽어보면 복습에 큰 도움이 됩니다.

▶ 풀이

'목적어(their baby)'의 정체가 '무엇(Alex)'이 되도록 이름 지었다는 말이니까 <5형식> 문장이에요. 따라서 'Alex'는 '목적격 보어'가 돼요.

'누가 누구에게 무엇을 어찌했다'는 형태이므로 <4형식> 문장이에요. 밑줄 친 부분은 Arthur가 직접 쓴 대상으로 '직접목적어'가 돼요.

'목적어(us)'의 상태가 '어떠하도록(happy)' 만든다는 말로 <5형식> 문장이에요. 'happy'는 목적어의 상태를 설명해주는 '목적격 보어'예요.

'누가 누구에게 무엇을 어찌했다'는 뜻으로 <4형식> 문장이에요. 밑줄 친 부분은 할아버지가 말을 한 직접적인 대상으로 '직접목적어'가 돼요.

'목적어(you)'의 정체가 '무엇(fool)'이 되도록 부르지 않았다는 <5형식> 문장이에요. 'a fool'은 '목적어'의 정체를 나타내는 '목적격 보어'가 돼요.

A 다음 예시처럼 주어진 문장이 4형식인지 5형식인지 구별해서 동그라미 표시하고, 밑줄 친 부분의 문장성분을 써보세요.

① They named their baby Alex. (그들은 그들의 아기를 Alex라고 이름 지었다.)

　→ (4형식 / ⑤형식)　　목적격 보어

② Arthur wrote her a long letter. (Arthur는 그녀에게 긴 편지를 썼다.)

　→ (④형식 / 5형식)　　직접목적어

③ Mom makes us happy. (엄마는 우리를 행복하게 해주신다.)

　→ (4형식 / ⑤형식)　　목적격 보어

④ Grandpa told us many stories. (할아버지는 우리에게 많은 얘기를 들려주셨다.)

　→ (④형식 / 5형식)　　직접목적어

⑤ I didn't call you a fool. (나는 너를 바보라고 부르지 않았어.)

　→ (4형식 / ⑤형식)　　목적격 보어

▶ 풀이

1차 주인공 'His book(그의 책)'이 2차 주인공 'him'을 유명한 상태가 되도록 만들었다는 말로 <5형식> 문장이에요. 5형식 영어 어순에 맞춰 다시 써보면 '그의 책은 / 만들었다 / 그를 / 유명하도록'이 돼요.

B 한글 해석에 맞게 주어진 단어를 배열하여 올바른 문장을 써보세요.

① 그의 책은 그를 유명하게 만들었다. (famous, him, his book, made)

　→ His book made him famous.

② 나는 Sam이 정직하다는 걸 알게 됐다. (I, Sam, found, honest)

→ I found Sam honest.

③ 우리는 그 강아지를 Max라고 이름 지었다. (named, Max, we, the puppy)

→ We named the puppy Max.

④ 그들은 David를 그 팀의 주장으로 뽑았다. (captain of the team, elected, they, David)

→ They elected David captain of the team.

한글 해석을 5형식 영어 어순에 맞춰 다시 써보면 '나는 / 알게 됐다 / Sam 이 / 정직하다고'가 되고, 영어 단어를 이에 맞춰 써보면 돼요.

5형식 영어 어순에 맞춰 다시 써보면 '우리는 / 이름 지었다 / 그 강아지를 / Max라고'가 되고, 영어 단어를 이에 맞춰서 배열하면 돼요.

역시 5형식 영어 어순에 맞춰 한글 해석을 다시 써보면 '그들은 / 뽑았다 / David를 / 그 팀의 주장으로'가 되고, 영어 단어를 이에 맞춰 배열하면 올바른 문장이 돼요.

C 올바른 문장이 되도록 괄호에서 알맞은 말을 골라 동그라미 표시하세요.

① The small fox made the big dog ((angry) / angrily).
그 작은 여우는 그 큰 개를 화가 나도록 만들었다.

② People in the village found the woman ((kind) / kindly).
그 마을의 사람들은 그 여자가 친절하다는 걸 알게 됐다.

③ The boy called his uncle (to Champ / (Champ)).
그 소년은 그의 삼촌을 챔프라고 불렀다.

④ The children chose (his / (him)) their first player.
그 아이들은 그를 그들의 첫 번째 선수로 선택했다.

▶ 풀이

<5형식> 문장에서 '목적격 보어'의 형태는 부사(angrily)가 아니라 형용사(angry)예요.

역시 <5형식> 문장으로 목적격 보어 자리에는 형용사 'kind'를 써줘야 맞아요.

<5형식> 문장에서 목적격 보어 자리에는 명사 또는 형용사를 써야 해요. '~라고 불렀다'는 말이니까 명사를 써야 하는데 'to Champ'는 전치사구라서 맞지 않고 'Champ'만 써야 해요.

<5형식>의 어순은 <주어 + 동사 + 목적어 + 목적격 보어>로 '목적어'가 들어가야 할 자리이므로 대명사의 '목적격'을 써줘야 맞아요. 따라서 'his'가 아니라 'him'이 알맞은 말이 돼요.

동사 개념 꽉잡기 ③ – '현재분사, 과거분사'가 뭐예요?

이렇게 공부해요 보충수업이에요. 앞으로 배울 내용과 연관되어 있으니 천천히 소리 내어 읽어보면서 이해합니다.

앞에서 살펴본 '동사 5단 변화표'에 〈현재분사형, 과거분사형〉이란 이상한 말이 있었어요. 현재, 과거란 말은 알겠는데, 〈분사〉라는 말은 도무지 감이 잡히지 않죠? 〈분사(分詞)〉는 영어 이름을 우리말로 옮기면서 생긴 말이에요.

☞ Present Participle → 현재분사형 / Past Participle → 과거분사형

'Participle'은 '나누다, 함께 가지다(공유하다)'의 뜻으로 이해하면 되고, 그래서 '분사(分 → 나눌 분 / 詞 → 말 사)'란, 동사로부터 나뉘어져 나와, 동사의 부분(조각)으로 만들어진 낱말을 말해요. 분사에는 현재분사와 과거분사, 두 종류가 있어요.

현재분사 (~ing)	동사로부터 나뉘어져 나와 현재형을 닮은 낱말. ⇒ 〈~하는 중인〉의 뜻으로 '진행의 상황'을 표현함.	예 cooking breaking
과거분사 (-ed)	동사로부터 나뉘어져 나와 과거형을 닮은 낱말 ⇒ 〈~한, ~된〉의 뜻으로 '완료의 상황'을 표현함.	예 cooked broken

새로 낱말을 만들지 않고 원래 있던 동사를 조금 바꿔서 쓰는 이유는, 완전 새로운 것을 익히는 것보다 노력이 덜 드니까 그래요. 동사에서 변형이 된 이 현재분사와 과거분사는 더 이상 동사로 쓰이진 않아요. 하지만 문장에서 중요한 역할을 맡는데, 더 자세한 쓰임은 3권에서 배우고, 2권에서는 '진행 시제'와 '완료 시제'에서 만나게 될 거예요. 여기서는 현재분사 형태를 어떻게 만드는지 살펴보겠어요.

● 현재분사 (동사원형 + ing) 형태 만들기

① 대부분의 동사	→ 동사원형 + ing	• study → studying
② '-e'로 끝날 때	→ '-e'를 없애고 + ing	• make → making, write → writing
③ '-ie'로 끝날 때	→ '-ie'를 'y'로 바꾸고 + ing	• die → dying, lie → lying
④ '-단모음 + 단자음'으로 끝날 때	→ 마지막 자음을 한 번 더 쓰고 + ing	• sit → sitting, run → running, swim → swimming
(※예외) w, x, y로 끝날 때	→ 동사원형 + ing	• say → saying, fix → fixing, show → showing

9

동사를 도와주는 동사도
있어요?

9

동사를 도와주는 동사도 있어요?

📅 공부한 날. ⋀⋀⋀⋀⋀ 월 ⋀⋀⋀⋀⋀ 일 ⋀⋀⋀⋀⋀ 요일

이렇게 공부해요 소리 내어 읽어보며 이해합니다. 선생님이 읽어주는 녹음 파일을 들어보면 더 좋습니다.

다음 표에서 왼쪽과 오른쪽 문장의 차이가 뭘까요?

Annie는 노래를 잘 부른다. (Annie sings well.)	나는 노래를 잘 <u>부를 수 있어</u>.
Annie는 최선을 다한다. (Annie does her best.)	나는 최선을 <u>다할 것이다</u>.
Annie는 나를 도와준다. (Annie helps me.)	너는 나를 <u>도와줘야 해</u>.

↓	↓
보이는 사실 그대로	머릿속 생각, 의견, 판단

왼쪽 문장은 '사실을 그대로' 얘기해주고 있어요. 마치 동영상을 보며 그 사실을 확인하는 것 같아요. 그래서 이런 경우 위 예문처럼 '현재형' 형태를 써주면 돼요. 그런데 오른쪽 문장은 '생각, 의견, 판단' 등을 나타내요. 이 문장들을 보다 정확하게 말하면 이래요.

(내 생각, 의견, 판단으로는) 나는 노래를 잘 부를 수 있어.

(내 생각, 의견, 판단으로는) 나는 최선을 다할 것이다.

(내 생각, 의견, 판단으로는) 너는 나를 도와줘야 해.

동사 혼자만으로는 이런 '생각, 의견, 판단'을 나타낼 수가 없어요. 과연 이런 경우는 영어로 어떻게 표현을 할까요? 이때 등장하는 해결사가 바로 '조동사'예요. 동사 자체 형태로는 '생각, 의견, 판단'을 표현할 수 없기 때문에, 동사를 도와주는 낱말이 동사 옆에 와줘야 하는 거예요.

〈조동사〉는 다음과 같이 두 종류로 나눌 수 있어요.

문장 완성을 돕는 조동사	Do동사 그룹 Be동사 그룹 Have동사 그룹	→ 주어와의 호응(수 일치)에서 원래 동사의 역할을 넘겨받으며, 주어의 인칭과 단수/복수에 따라 알맞은 형태를 써줘야 해요.
의미 보충을 돕는 조동사	will, can, may, must, should 등	→ 주어와의 호응(수 일치)에서 주어의 인칭과 단수/복수에 상관없이 형태가 변하지 않아요.

이 중에서 우리가 이번에 집중해서 배울 것은 〈의미 보충을 돕는 조동사〉 5가지예요. 원래는 이보다 훨씬 수가 많지만 여기서는 이 다섯 가지 조동사만 알면 돼요. 자, 그러면 쌤놀이로 들어가서 자세히 살펴보겠어요.

▶ Action ❶ 의미 보충을 돕는 조동사

이렇게 공부해요   ✌소리 내어 읽으면서 이해합니다.   ✌내용을 보면서 선생님이 가르치듯 쌤놀이를 합니다.   ✌확인란에 체크!

이번 시간에는 동사를 도와주는 '조동사(helping verb)'를 살펴보겠어요.

'부정문, 의문문'을 배울 때 이미 <do/does/did> 조동사를 봤으니까

오늘 주제가 낯설지는 않을 텐데, 이제 정식으로 배워보겠어요.

앞에서 보았듯이, 조동사는 크게 두 가지로 나뉘어요.

첫째, 본동사(main verb)로 쓰기도 하지만, 문장의 완성을 위해 쓰는

<do동사 그룹 / be동사 그룹 / have동사 그룹>의 조동사가 있어요.

둘째, <의미 보충을 돕는 조동사>가 있어요.

<do동사 그룹>은 '의문문, 부정문'에서 사용법을 알아봤고,

<be동사/have동사 그룹>은 뒤에 '진행/완료 시제'에서 자세히 배울 거예요.

이번 시간에는 둘째 종류 <의미 보충을 돕는 조동사>를 살펴볼 거예요.

<동사 5단 변화표(48쪽)>에 보면 동사 자체 모양에는 '미래형'이 없어요.

현재형, 과거형으로 '현재'와 '과거'의 시간을 표현할 수 있는데,

그럼 '미래의 시간, 즉 미래시제'는 어떻게 표현을 할까요?

이때 등장하는 해결사가 바로 조동사 'will'이에요.

'미래'는 사실 우리 머릿속에만 있는 '생각'이잖아요.

그래서 영어에서는 조동사 'will'의 도움을 받아 미래를 표현할 수 있어요.

| will | = 미래의 일, 주어의 의지 표현 → <~할 것이다 / ~하겠다> |

▶ Action ❷ 조동사 will, can, may, must, should

그럼 조동사 'will'을 쓰는 법과 예문을 살펴봅시다.

- **평서문 :** 주어 + will + 동사 원형 ... .

  → 축약형: will → 'll 예 I will → I'll ~ / He will → He'll ~

- **부정문 :** 주어 + will not + 동사 원형 ... .

  → 축약형: will not → won't

- **Yes/No 의문문:** Will + 주어 + 동사 원형 ... ?

  → 대답: 예 Yes, I will. / No, I won't.

- **의문사 의문문 :** 의문사 + will + 주어 + 동사 원형 ... ?

  - I will (= I'll) be here for you. (너를 위해 내가 여기 있을 것이다.)
  - We will not (= won't) go shopping today. (우리는 오늘 쇼핑을 가지 않을 것이다.)
  - Will she come back soon? (그녀는 곧 돌아올 건가요?)
  - What will you do tomorrow? (너는 내일 뭘 할 거니?)
  - What will happen next? (다음에 무슨 일이 일어날 것인가?) → 의문사가 주어인 경우.

조동사 'can, may, must, should'도 똑같은 규칙을 따라요.

can	① 능력 → <~할 수 있다>	② 허가 → <~해도 된다>
may	① 허가 → <~해도 된다>	② 추측 → <~일지도 모른다>
must	① 의무 → <~해야 한다>	② 추측 → <~임에 틀림없다>
should	① 의무 → <~해야 한다>	② 충고 → <~하는 게 좋다>

▶ Action ③ 조동사를 대체하는 표현

이렇게 공부해요 ✌ 소리 내어 읽으면서 이해합니다. ✌ 내봉북을 보면서 선생님이 가르치듯 쌤놀이를 합니다. ✌ 확인란에 체크!

조동사는 연달아 쓸 수 없기 때문에 대체 표현을 알아둬야 해요.

▶ can = be able to + 동사원형
　　　　　　　　　　　　　I am able to ride a bike.
　　　　　　　　　　　　　(나는 자전거를 탈 수 있다.)

▶ will = be going to + 동사원형
　　　　　　　　　　　　　I am going to meet Kate tomorrow.
　　　　　　　　　　　　　(나는 내일 Kate를 만날 것이다.)

▶ must = have to + 동사원형
　　　　　　　　　　　　　You have to get up early.
　　　　　　　　　　　　　(너는 일찍 일어나야 한다.)

예를 들어, '너는 내일 일찍 일어나야 할 것이다.'라는 말이 있어요.

여기엔 '일어나야 한다(의무)'와 '할 것이다(미래)'가 같이 있어요.

이런 경우 조동사를 겹쳐 쓰지 않고 아래처럼 써줘요.

• You will must get up early tomorrow. (X)

　→ You will have to get up early tomorrow. (O) [미래 + 의무]

　　　　(미래) (의무의 대체 표현)

또한, '의미 보충을 돕는 조동사'는 주어의 인칭이나 단수/복수에

상관 없이 형태가 변하지 않음에 주의해야 해요.

• Susan cans play the piano. (X)

• Susan caned play the piano. (X)

　→ Susan can play the piano. (O)

이번 시간에 '의미 보충을 돕는 조동사' 5가지를 배워봤는데요,

조동사가 가진 각각의 뜻을 잘 익혀서 문장의 의미를 더욱 넓혀가도록 해요.

소리 내어 읽었나요? 1회 ☐ 2회 ☐ 쌤놀이를 했나요? Yes ☐ No ☐

ΛΛH 놀이 확인문제

✓ ☞쌤놀이 내용을 떠올리며 빈칸을 채워봅니다. ☞쌤놀이 내용을 참고해도 됩니다. ☞답 확인 후 소리 내어 읽어보세요.

이렇게공부해요

빈칸에 들어갈 알맞은 말을 써보세요.

1 영어 '동사'는 5가지의 변화 형태가 있어요.

(☞ 원형, 현재형, 과거형, 과거분사형, 현재분사형)

하지만 이 중 어느 형태로도 '생각, 의견, 판단' 등을 나타낼 수 없어서

동사를 바로 옆에서 도와주는 낱말인 ① [ ] [ ] [ ] 의 도움을 받아요.

2 '조동사'에는 다음과 같이 크게 두 가지 종류가 있어요.

▸ 문장 ① [ ] [ ] 을 돕는 조동사 → do동사 그룹, be동사 그룹, have동사 그룹

▸ 의미 ② [ ] [ ] 을 돕는 조동사 → will, can, may, must, should 등

3 • Susan <u>cans</u> play the piano. (X)

• Susan <u>caned</u> play the piano. (X)

→ Susan <u>can</u> play the piano. (O)

➔ '의미 보충을 돕는 조동사'는 주어의 인칭이나 단수/복수에 따라 ① [ ] [ ] 가 변하지 않아요.

• You <u>will</u> <u>must</u> get up early tomorrow. (X)

→ You <u>will</u> <u>have</u> to get up early tomorrow. (O)

➔ '의미 보충을 돕는 조동사'는 ② [ ] [ ] 쓸 수 없어요.

4 ▸ will : ① [ ] [ ] **의 일** (~할 것이다) / **주어의 의지 표현** (~하겠다)

▸ can : ② [ ] [ ] (~할 수 있다) / **허가** (~해도 된다)

▸ may : **허가** (~해도 된다) / **추측** (~일지도 모른다)

▸ must : ③ [ ] [ ] (~해야 한다) / **추측** (~임에 틀림없다)

▸ should : **의무** (~해야 한다) / **충고** (~하는 게 좋다)

1. ① 조동사 2. ① 완성 ② 보충 3. ① 형태 ② 연달아 4. ① 미래 ② 능력 ③ 의무

익힘
문제

공부한 날.　　월　　일　　요일

이렇게 공부해요

문제를 풀 때 절대 페이지를 넘겨보지 마세요!(쌤놀이 해설이 있음)

100점 맞기 위해서가 아니라 뭘 모르는지 알기 위해 문제를 풀어보는 거랍니다.^^

A 다음 문장에서 밑줄 친 조동사의 의미로 알맞은 것을 고르세요.

1 I can run fast. (나는 빨리 달릴 수 있다.)

　① 능력　　　　　② 의무　　　　　③ 충고

2 You can have the book on the table. (너는 탁자 위의 그 책을 가져도 된다.)

　① 능력　　　　　② 허가　　　　　③ 의무

3 You must finish your homework. (너는 너의 숙제를 끝내야만 한다.)

　① 능력　　　　　② 의무　　　　　③ 충고

4 He may be at home. (그는 아마도 집에 있을 것이다.)

　① 허가　　　　　② 의무　　　　　③ 추측

5 You should go to the dentist. (너는 치과에 가는 게 좋겠다.)

　① 능력　　　　　② 추측　　　　　③ 충고

6 The news cannot be true. (그 뉴스는 사실일 리가 없다.)

　① 의무　　　　　② 가능성　　　　③ 허가

7 You may go home early today. (너는 오늘 일찍 집에 가도 된다.)

　① 추측　　　　　② 허가　　　　　③ 의무

8 You should exercise every day. (너는 매일 운동을 해야 한다.)

　① 의무　　　　　② 허가　　　　　③ 추측

9 The man must be angry. (그 남자는 화나 있음에 틀림없다.)

　① 능력　　　　　② 의무　　　　　③ 강한 추측

B 한글 해석에 맞게 주어진 단어를 배열하여 올바른 문장을 써보세요.

① 우리는 거짓말해서는 안 된다. (shoudn't, lies, we, tell)

→ _____

② 그는 빗속에서 조심스럽게 운전해야 한다. (must, in the rain, drive, he, carefully)

→ _____

③ 너는 내일 혼자 가야 할 것이다. (you, tomorrow, have to, alone, will, go)

→ _____

④ 우승자는 그 문제를 풀 수 있어야 한다.

(the problem, must, the winner, solve, be able to)

→ _____

C 올바른 문장이 되도록 괄호에서 알맞은 말을 골라 동그라미 표시하세요.

① Jack must (be / is) tired after the English test.

② Emma is able (to plays / to play) the piano.

③ (May / Am) I play with them?

④ He (wills / will) finish the work tomorrow.

⑤ Kate will (can / be able to) dance beautifully later.

익힘 문제풀이

▶ 풀이

'~할 수 있다'는 뜻으로 '능력'을 나타내요.

'~해도 된다'는 뜻으로 '허가'를 나타내요.

'~해야만 한다'는 뜻으로 '의무'를 나타내요.

'아마 ~일 것이다'는 뜻으로 '추측'을 나타내요.

'~하는 게 좋다'는 뜻으로 '충고'를 나타내요.

'~일리가 없다/~할 가능성이 없다'로 '가능성'을 나타내요.

'~해도 된다'는 뜻으로 '허가'를 나타내요.

'~해야 한다'는 뜻으로 '의무'를 나타내요.

'~임에 틀림없다'는 뜻으로 '강한 추측'을 나타내요.

A 다음 문장에서 밑줄 친 조동사의 의미로 알맞은 것을 고르세요.

① I can run fast. (나는 빨리 달릴 수 있다.)
　❶ 능력　　　② 의무　　　③ 충고

② You can have the book on the table. (너는 탁자 위의 그 책을 가져도 된다.)
　① 능력　　　❷ 허가　　　③ 의무

③ You must finish your homework. (너는 너의 숙제를 끝내야만 한다.)
　① 능력　　　❷ 의무　　　③ 충고

④ He may be at home. (그는 아마도 집에 있을 것이다.)
　① 허가　　　② 의무　　　❸ 추측

⑤ You should go to the dentist. (너는 치과에 가는 게 좋겠다.)
　① 능력　　　② 추측　　　❸ 충고

⑥ The news cannot be true. (그 뉴스는 사실일 리가 없다.)
　① 의무　　　❷ 가능성　　　③ 허가

⑦ You may go home early today. (너는 오늘 일찍 집에 가도 된다.)
　① 추측　　　❷ 허가　　　③ 의무

⑧ You should exercise every day. (너는 매일 운동을 해야 한다.)
　❶ 의무　　　② 허가　　　③ 추측

⑨ The man must be angry. (그 남자는 화나 있음에 틀림없다.)
　① 능력　　　② 의무　　　❸ 강한 추측

▶ 풀이

'거짓말 하다'는 'tell lies'가 되고, '~해선 안 된다'는 'shouldn't (= should not)'예요. 그래서 올바른 영어 문장은 'We / shouldn't / tell / lies.'가 돼요.

B 한글 해석에 맞게 주어진 단어를 배열하여 올바른 문장을 써보세요.

① 우리는 거짓말해서는 안 된다. (shoudn't, lies, we, tell)

　→ We shouldn't tell lies.

❷ 그는 빗속에서 조심스럽게 운전해야 한다. (must, in the rain, drive, he, carefully)

→ He must drive carefully in the rain.

❸ 너는 내일 혼자 가야 할 것이다. (you, tomorrow, have to, alone, will, go)

→ You will have to go alone tomorrow.

❹ 우승자는 그 문제를 풀 수 있어야 한다.

(the problem, must, the winner, solve, be able to)

→ The winner must be able to solve the problem.

C 올바른 문장이 되도록 괄호에서 알맞은 말을 골라 동그라미 표시하세요.

❶ Jack must ((be) / is) tired after the English test.
Jack은 영어 시험 후에 피곤할 것이 틀림없다.

❷ Emma is able (to plays / (to play)) the piano.
Emma는 피아노를 칠 수 있다.

❸ ((May) / Am) I play with them?
내가 그들과 함께 놀아도 되나요?

❹ He (wills / (will)) finish the work tomorrow.
그는 내일 그 일을 마칠 것이다.

❺ Kate will (can / (be able to)) dance beautifully later.
Kate는 나중에 아름답게 춤출 수 있을 것이다.

'빗속에서 조심스럽게 운전하다'는 'drive carefully in the rain'이에요. 올바른 영어 문장 순서는 <주어 + 조동사 + 동사원형 ~>이 돼요.

'내일 혼자 가다'는 'go alone tomorrow'이고, '~해야 할 것이다'는 'will have to + 동사원형 ~'이에요. 따라서 올바른 문장은 'You / will / have to / go / alone / tomorrow.'

'문제를 풀다'는 'solve the problem'이고, '~할 수 있어야만 한다'는 'must be able to + 동사원형 ~'이에요.

▶ 풀이

조동사 뒤 동사는 '동사원형'을 써야 하므로 'be'가 맞아요.

'~할 수 있다'의 뜻으로 'be able to + 동사원형'이 있는데, to 다음에는 '동사원형'을 써야 하므로 'to play'가 맞아요.

'~해도 되는지' 묻는 조동사 의문문으로, 조동사 'May'를 골라야 해요.

조동사는 주어의 인칭이나 단수/복수에 상관없이 형태가 변하지 않으므로 'will'이 맞아요.

조동사는 두 개를 겹쳐 쓸 수 없어요. 그래서 '~할 수 있을 것이다'는 'will can'이 아니라 대체 표현을 써서 'will be able to ~'라고 해요.

조동사 can, may, must, should의 의미 정리

이렇게공부해요 예문을 통해 조동사들의 의미를 한눈에 정리해봅시다. 천천히 소리 내어 읽어보세요.

▶ 조동사 Can ※'can'의 부정은 'can not'으로 쓰지 않고 〈cannot / can't(줄임형)〉을 써요.

① 능력	• Julie <u>can speak</u> three languages. (줄리는 3개 언어를 말할 수 있다.)
② 허가	• You <u>can have</u> the book on the table. (너는 탁자 위의 그 책을 가져도 된다.)
③ 가능성	• It <u>can be</u> true. (그것은 사실일 수 있다.) • It <u>cannot be</u> true. (그것은 사실일 리가 없다.)

▶ 조동사 May ※'may'의 부정에서 'may not'은 'mayn't'로 줄여 쓰지 않아요.

① 허가	• You <u>may go</u> home early today. (너는 오늘 집에 일찍 가도 된다.)
② 추측	• He <u>may be</u> at home. (그는 아마도 집에 있을 것이다.)

▶ 조동사 Must
※강한 추측의 must는 의문문으로 쓰지 않아요. ※강한 추측의 부정은 'cannot(~일 리가 없다)'로 표현해요.

① 의무	• You <u>must finish</u> your homework. (너는 네 숙제를 끝내야 한다.)
② 강한 추측	• The man <u>must be</u> angry. (그 남자는 화나 있음에 틀림없다.)

▶ 조동사 Should ※이때 '의무'의 'should'는 'must' 보다는 약한 말투가 돼요.

① 의무	• You <u>should exercise</u> every day. (너는 매일 운동을 해야 한다.)
② 충고	• <u>Should</u> I go to the dentist? (나는 치과에 가는 게 좋을까?)

▶ 조동사 대체 표현
① We <u>had to</u> get up early. (우리는 일찍 일어나야 했다.)
　　↳ 'must'의 과거형으로 'had to'를 씀
② You <u>must not</u> do that. (너는 그걸 해서는 안 된다.)
　　↳ '금지'의 표현
③ You <u>don't have to</u> do that. (너는 그걸 할 필요가 없다.)
　　↳ '필요없음'의 표현

10

'진행 시제'가 <미래>도 나타낸다고요?

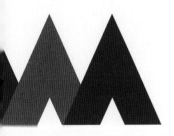

10

'진행 시제'가 <미래>도 나타낸다고요?

📅 공부한 날. ㅅㅅㅅㅅㅅ 월 ㅅㅅㅅㅅㅅ 일 ㅅㅅㅅㅅㅅ 요일

이렇게 공부해요 소리 내어 읽어보며 이해합니다. 선생님이 읽어주는 녹음 파일을 들어보면 더 좋습니다.

시제(時制)란 '시간을 표현하는 법'을 말해요. 어떤 일이 벌어진 때를 '동사'가 나타내주는데, 영어에서는 이 시간을 12가지 동사 형태로 표현해줘요. 네, 좀 많죠? 영어는 우리말보다 훨씬 더 자세히 나눠서 표현하기 때문에, 우리가 생각하는 시간 느낌과 차이가 좀 있어요.

게다가 '현재 시제, 진행 시제' 이런 '시제 용어'들이 반드시 '현재', '진행'만 나타내는 건 아니어서, '어? 이런 시간 상황도 이 시제 형태로 표현하는 거야?'하고 의아하게 생각할 수도 있어요. 예를 들어, '현재형'을 쓰는 '현재 시제'란 말도 〈현재의 사실/상태〉만 표현하는 게 아니에요. 실제로는 어제도 그랬고, 오늘도 그렇고, 미래에도 그럴 것인 상황, 즉, 반복적인 사실이나 과학 법칙 같은 것도 '현재형'으로 써줘야 해요.

예 Water <u>boils</u> at 100℃.

(물은 섭씨 100도에서 끓는다. ⇒ 언제나 그런 사실/과학 법칙에도 현재형을 씀!)

따라서 영어의 시제를 공부할 때는 첫째, 시간을 표현하는 대표적인 시제 형태 규칙을 외워야 해요. 둘째, 그 시제 형태가 나타낼 수 있는 여러 상황들

을 따로 기억해둬야 해요.

이번 시간에는 '진행 시제'라는 시간 표현법을 배울 거예요. '진행형'이라고도 하는데, 주로 특정 순간에 진행 중인 동작을 표현해요. '시제 형태'는, 현재형과 과거형 이외에는 모두 조동사의 도움을 받아요. 시제 형태에 쓰는 조동사는 〈Be동사 그룹〉과 〈Have동사 그룹〉이 있어요. 이것들은 조동사 'can, must'처럼 동사 앞에서 '의미를 보충'해주진 않지만, 동사 혼자서는 불가능한 여러 시제 형태를 만들 수 있도록 도와줘요.

'진행 시제'의 형태는 〈조동사+현재분사형(-ing)〉으로 만드는데, 현재분사형 부분에서 '뜻'이 나오고, 조동사인 'Be동사'는 원래 동사의 역할을 넘겨받아 다음 4가지 역할을 처리해줘요.

	조동사 부분	현재분사형 부분
	Be동사 그룹	동사원형 + ing
역할	① 주어와 수 일치 맞추기 ② 시간 표현(과거/현재/미래) ③ 부정문, 의문문 형태 만들기 ④ 축약 형태 만들기	'뜻'을 나타냄

자, 이제 '진행 시제'가 무엇이고, 어떻게 만드는 건지 자세히 한번 살펴볼까요? 👤

이렇게공부해요 ✌ 소리 내어 읽으면서 이해합니다.　✌ 내용을 보면서 선생님이 가르치듯 쌤놀이를 합니다.　✌ 확인란에 체크!

옛날에 말괄량이 Betty란 아이가 있었어요.

이 못 말리는 아이 Betty를 모르는 사람은 아무도 없었어요.

그런데 오늘 Betty가 착한 척 얌전하게 있는 거예요.

이런 상황을 영어로 어떻게 표현할까요?

지금까지 우리가 봤던 모든 예문은 '현재형'과 '과거형' 밖에 없었어요.

오늘 드디어 '진행형'이란 시제를 배우게 되는데요,

'현재형'에 대해 꼭 알아야 할 '진실'이 있어요!

현재형 시제는 '현재의 사실이나 상태'만 나타내는 게 아니라는 거예요.

그보다는 '지속적이고 반복적인 일'을 표현할 때 더 많이 써요.

예 **She walks her dog in the afternoon.** (그녀는 오후에 그녀의 개를 산책시킨다.)

이 문장은 '개를 산책시키는 일'이 거의 매일 반복된다는 의미를 담고 있어요.

그래서 위 Betty 이야기를 간단하게 표현하면,

Betty is bad. (Betty는 나쁘다.) → 원래 거의 항상 그런 성격이란 뜻이 돼요.

But today she is being good. (그러나 오늘 그녀는 착하게 하고 있다.)

→ 특정한 순간에만 그렇게 행동하고 있음을 뜻해요.

'is being'이라고 표현되는 형태를 '진행형 시제'라고 불러요.

이번 시간에는 이 '진행 시제'에 대해 자세히 살펴보겠어요.

 놀이

이렇게 공부해요 🎵 소리 내어 읽으면서 이해합니다. 🎵 내용을 보면서 선생님이 가르치듯 쌤놀이를 합니다. ✌ 확인란에 체크!

먼저 '진행 시제'를 쓰는 규칙부터 알아보면요.

- **평서문** : [주어] + [Be동사] + [동사 원형 + -ing] … .

  → 축약형: 예 I'm playing ~ / We're reading ~

- **부정문** : [주어] + [Be동사] + [not] + [동사 원형 + -ing] … .

  → 축약형: 예 She wasn't making ~

- **Yes/No 의문문** : [Be동사] + [주어] + [동사 원형 + -ing] … ?

  → 대답: 예 Yes, she is. / No, she isn't.

- **의문사 의문문** : [의문사] + [Be동사] + [주어] + [동사 원형 + -ing] … ?

그럼 이제 예문을 보며 '진행 시제'가 쓰이는 상황을 익혀봅시다.

① 진행 시제는 주로, 특정 순간에 진행 중인 동작을 표현해요.

- We **are** <u>reading</u> a book. (우리는 책을 읽고 있는 중이다.) → 현재진행형 시제
- She **was** <u>riding</u> a bike. (그녀는 자전거를 타고 있는 중이었다.) → 과거진행형 시제
- I **will be** <u>doing</u> my homework. (나는 숙제를 하는 중일 것이다.) → 미래진행형 시제
- We **aren't** <u>reading</u> the book. (우리는 그 책을 읽고 있는 중이 아니다.) → 부정문
- A: **Is** my phone <u>ringing</u>? (내 전화가 울리고 있나요?) → Yes/No 의문문

  B: Yes, it **is** / No, it **isn't**. (네, 그래요. / 아뇨, 그렇지 않아요.)
- A: <u>What</u> **are** you <u>doing</u>? (너 지금 뭐하고 있는 중이야?) → 의문사 의문문

  B: I'm <u>watching</u> a movie. (나는 영화를 보고 있는 중이야.)

☑
소리 내어 읽었나요? 1회 ☐ 2회 ☐ 쌤놀이를 했나요? Yes ☐ No ☐

쌤놀이

▶ Action ❸ 진행 시제가 쓰이는 상황

이렇게 공부해요 ✌ 소리 내어 읽으면서 이해합니다. ✌ 내용을 보면서 선생님이 가르치듯 쌤놀이를 합니다. ✌ 확인란에 체크!

'진행 시제' 형태는 아래 상황에도 쓰일 수 있어요.

② 최근에 일어나고 있는 일도 나타낼 수 있어요.

• I'm learning Japanese these days. (나는 요즘 일본어를 배우고 있는 중이다.)

• The temperature in the North pole is rising these days.

(북극의 온도가 요즘 오르고 있는 중이다.)

③ 가까운 미래에 일어날 일(약속된 일)도 표현해요.

• Cathy is coming for dinner tonight. (Cathy가 오늘 밤 저녁식사 하러 올 예정이다.)

• She is visiting her grandma this weekend.

(그녀는 그녀의 할머니를 이번 주말에 방문할 것이다.)

한 가지 주의할 점은, 다음 동사들은 '진행형'을 쓰지 않아요.

지속적인 상태를 나타내는 동사	resemble(닮다), know(알다), believe(믿다), like(좋아하다), hate(싫어하다), have(가지다)

• He is resembling his father. (X)   He resembles his father. (O)

• I am having a smartphone. (X)   I have a smartphone. (O)

※ I was having dinner. (O) → 'have'가 '먹다'의 뜻일 때는 진행형 가능.
     (= eating)

오늘은 '진행 시제'가 어떤 상황을 표현하는지 알아봤어요.

영어 시제는 우리말과 차이가 있어서 제대로 쓰기가 쉽지 않아요.

시제 개념과 규칙을 잘 익혀서 올바른 시간 표현을 할 수 있도록 노력합시다~! 👷

소리 내어 읽었나요? 1회 □ 2회 □ 쌤놀이를 했나요? Yes □ No □

✌ 쌤놀이 내용을 떠올리며 빈칸을 채워봅니다. ✌ 쌤놀이 내용을 참고해도 됩니다. ✌ 답 확인 후 소리 내어 읽어보세요.

빈칸에 들어갈 알맞은 말을 써보세요.

1　① ☐☐ 란 '시간을 표현하는 법'을 말해요.

어떤 행동, 상태, 사건이 일어난 때를 ② ☐☐ 로 나타내요.

영어 시제에 대한 우리말 용어(현재완료 시제 등)는 주로 대표적인 경우만 나타내고

시제의 여러 가지 쓰임을 더 자세히 담아내지 못해요.

2　진행형 시제 = ① ☐☐ 동사 + ② ☐☐☐☐ + ing 형태를 말해요.

3　진행형 시제는 다음과 같은 상황에 쓸 수 있어요.

▶ 특정 순간에 ① ☐☐ 중인 동작을 표현해요.

→ Your phone is ringing.

▶ ② ☐☐ 에 일어나고 있는 일도 나타낼 수 있어요.

→ I am learning Japanese these days.

▶ 가까운 ③ ☐☐ 에 일어날 약속된 일도 표현해요.

→ Cathy is visiting her grandma this weekend.

4　지속적인 ① ☐☐ 를 나타내는 동사들은 '진행형'을 쓰지 않아요.

→ resemble (닮다), know (알다), believe (믿다), like (좋아하다), hate (싫어하다), have (가지다) 등

예 He is resembling his father. (X) → He resembles his father. (O)

※ I was having dinner. (O) ☞ 'have'가 '먹다'의 뜻일 때는 진행형 가능.
　　　　(= eating)

1. ① 시제 ② 동사 2. ① Be(be) ② 동사원형 3. ① 진행 ② 최근 ③ 미래 4. ① 상태

익힘 문제

이렇게 공부해요
문제를 풀 때 절대 페이지를 넘겨보지 마세요!(쌤놀이 해설이 있음)
100점 맞기 위해서가 아니라 뭘 모르는지 알기 위해 문제를 풀어보는 거랍니다.^^

A 다음 예시처럼 괄호 속의 동사를 이용하여 주어진 조건의 문장을 완성해보세요.

> (make) → '현재 진행형 부정문'으로
> → Grandma ___**is**___ ___**not**___ ___**making**___ cookies.
> (할머니는 쿠키를 만드는 중이 아니시다.)

① (learn) → '현재 진행형'으로

→ John _____ _____ Korean at a university.
(John은 한 대학에서 한국어를 배우고 있다.)

② (meet) → '현재 진행형 부정문'으로

→ They _____ _____ _____ Jim tonight.
(그들은 오늘밤 Jim을 만나는 게 아니다.)

③ (drive) → '과거 진행형'으로

→ Dad _____ _____ a car at that time.
(아빠는 그때 차를 운전하는 중이었다.)

④ (clean) → '현재 진행형 Yes/No 의문문'으로

→ _____ you _____ your room?
(너는 네 방을 청소하는 중이니?)

⑤ (run) → '현재 진행형'으로

→ Horses _____ _____ on the field.
(말들이 들판에서 달리고 있는 중이다.)

⑥ (do) → '현재 진행형 의문사 의문문'으로

→ What _____ your sister _____ now?
(네 여동생은 지금 무엇을 하고 있는 중이니?)

⑦ (swim) → '미래 진행형'으로

→ I will _____ _____ in the pool tomorrow
afternoon. (나는 내일 오후 풀장에서 수영을 하고 있는 중일 거다.)

B 다음 문장의 '현재 진행형' 표현의 의미로 알맞은 것을 상자 안에서 골라 번호를 쓰세요.

① 진행 중 동작	② 최근의 일	③ 가까운 미래(약속된 일)

❶ Your phone is ringing. → _____
(너의 전화가 울리고 있다.)

❷ I am learning Chinese these days. → _____
(나는 요즘 중국어를 배우고 있다.)

❸ I am taking a swimming class lately. → _____
(나는 최근에 수영 수업을 받고 있다.)

❹ My uncle is coming tomorrow. → _____
(나의 삼촌이 내일 올 거다.)

❺ They are watching TV. → _____
(그들은 TV를 보고 있는 중이다.)

❻ I am doing my homework. → _____
(나는 숙제를 하고 있는 중이다.)

❼ He is leaving for London tonight. → _____
(그는 오늘밤 런던으로 떠난다.)

익힘 문제풀이

✌ 정답과 풀이를 보며 채점을 합니다. ✌ 틀렸거나 헷갈리는 문제는 해설을 읽어보고 쌤놀이로 설명해봅니다. ✌ 모든 문제의 해설을 읽어보면 복습에 큰 도움이 됩니다.

▶️ 풀이

'현재 진행형'을 쓰는 규칙은 <be동사 현재형 + 현재분사>이므로, 3인칭 단수주어 John에 맞춰 'is learning'이 돼야 맞아요.

현재 진행형의 부정문은 <be동사 + not + 현재분사>로 써줘야 해요.

과거 진행형은 <be동사 과거형 + 현재분사>로, 3인칭 단수주어 Dad에 맞춰 'was driving'으로 써야 해요.

현재 진행형 Yes/No 의문문의 형태는 <Be동사 + 주어 + 현재분사 ~?>로, 2인칭 주어 you에 맞춰 'Are you cleaning ~?'으로 써줘야 해요.

3인칭 복수주어 Horses에 맞춰 현재 진행형은 'are running'으로 써야 해요. 'run'의 현재분사는 'running'으로 쓰는 것에 주의해야 돼요.

현재 진행형 의문사 의문문은 <의문사 + be동사 + 주어 + 현재분사 ~?>로, 3인칭 단수주어 your sister에 맞춰 'What is your sister doing ~?'으로 써야 맞아요.

미래 진행형은 <will be + 현재분사>로 'be swimming'을 써야 해요. 'swim'의 현재분사는 'swimming'으로 쓰는 것에 주의해야 돼요.

A 다음 예시처럼 괄호 속의 동사를 이용하여 주어진 조건의 문장을 완성해보세요.

① (learn) → '현재 진행형'으로

→ John ___is___ ___learning___ Korean at a university.
(John은 한 대학에서 한국어를 배우고 있다.)

② (meet) → '현재 진행형 부정문'으로

→ They ___are___ ___not___ ___meeting___ Jim tonight.
(그들은 오늘밤 Jim을 만나는 게 아니다.)

③ (drive) → '과거 진행형'으로

→ Dad ___was___ ___driving___ a car at that time.
(아빠는 그때 차를 운전하는 중이었다.)

④ (clean) → '현재 진행형 Yes/No 의문문'으로

→ ___Are___ you ___cleaning___ your room?
(너는 네 방을 청소하는 중이니?)

⑤ (run) → '현재 진행형'으로

→ Horses ___are___ ___running___ on the field.
(말들이 들판에서 달리고 있는 중이다.)

⑥ (do) → '현재 진행형 의문사 의문문'으로

→ What ___is___ your sister ___doing___ now?
(네 여동생은 지금 무엇을 하고 있는 중이니?)

⑦ (swim) → '미래 진행형'으로

→ I will ___be___ ___swimming___ in the pool tomorrow afternoon. (나는 내일 오후 풀장에서 수영을 하고 있는 중일 거다.)

B 다음 문장의 '현재 진행형' 표현의 의미로 알맞은 것을 상자 안에서 골라 번호를 쓰세요.

① 진행 중 동작	② 최근의 일	③ 가까운 미래(약속된 일)

❶ Your phone is ringing. → ____❶____
　　(너의 전화가 울리고 있다.)

1번은 전화가 현재 울리고 있는 동작을 말하므로 ①번이 맞아요.

❷ I am learning Chinese these days. → ____❷____
　　(나는 요즘 중국어를 배우고 있다.)

'요즘'은 최근의 일을 의미하므로 ②번의 경우예요.

❸ I am taking a swimming class lately. → ____❷____
　　(나는 최근에 수영 수업을 받고 있다.)

'최근에'란 말이 쓰여서 ②번의 경우예요.

❹ My uncle is coming tomorrow. → ____❸____
　　(나의 삼촌이 내일 올 거다.)

'내일'이라는 가까운 미래의 약속을 나타내어 ③번 경우가 돼요.

❺ They are watching TV. → ____❶____
　　(그들은 TV를 보고 있는 중이다.)

지금 현재 TV를 보고 있는 동작을 나타내므로 ①번의 경우예요.

❻ I am doing my homework. → ____❶____
　　(나는 숙제를 하고 있는 중이다.)

지금 현재 숙제를 하고 있는 동작을 나타내므로 ①번의 경우가 돼요.

❼ He is leaving for London tonight. → ____❸____
　　(그는 오늘밤 런던으로 떠난다.)

'오늘밤'이라는 가까운 미래에 벌어질 일을 나타내므로 ③번 경우가 돼요.

현재분사 형태 익히기

이렇게 공부해요 보충수업이에요. 색깔 글자로 써진 '현재분사형'을 여러 번 읽으며 <현재분사형 만들기>를 복습해봅시다.

1 대부분의 동사는 그 동사의 〈동사원형〉 바로 뒤에 〈ing〉만 붙이면 돼요.

fly → flying	cry → crying	say → saying
show → showing	fix → fixing	climb → climbing

2 아래처럼 동사가 〈-e〉로 끝날 때 -e를 없애고 〈ing〉를 붙여요.

come → coming	make → making	give → giving
take → taking	have → having	write → writing

3 동사가 〈-ie〉로 끝날 때 -ie를 〈y〉로 바꾸고 〈ing〉를 붙여요.

die → dying	lie → lying	tie → tying

4 동사가 〈-단모음+단자음〉으로 끝날 때 마지막 자음을 한 번 더 쓰고 〈ing〉를 붙여요.

swim → swimming	sit → sitting	get → getting
cut → cutting	chat → chatting	run → running
shop → shopping	begin → beginning	stop → stopping

※ 위에서 배운 원칙에 맞게 동사의 현재분사형을 써보세요.

1 eat → _____	2 do → _____	3 come → _____
4 have → _____	5 study → _____	6 swim → _____
7 run → _____	8 buy → _____	9 play → _____
10 give → _____	11 begin → _____	12 lie → _____
13 open → _____	14 be → _____	15 get → _____
16 cut → _____	17 shop → _____	18 pass → _____
19 wag → _____	20 tie → _____	

1. eating 2. doing 3. coming 4. having 5. studying 6. swimming 7. running 8. buying 9. playing 10. giving 11. beginning 12. lying 13. opening 14. being 15. getting 16. cutting 17. shopping 18. passing 19. wagging 20. tying

11

'완료 시제'인데 왜 '계속'되는 일을 나타내요?

11

'완료 시제'인데 왜 '계속'되는 일을 나타내요?

📅 공부한 날. ＡＡＡＡＡＡＡ 월 ＡＡＡＡＡＡＡ 일 ＡＡＡＡＡＡＡ 요일

이렇게공부해요 소리 내어 읽어보며 이해합니다. 선생님이 읽어주는 녹음 파일을 들어보면 더 좋습니다.

"기분이 참 '거시기' 하네요."라는 말 들어봤죠? 여기서 '거시기'는 마땅히 표현할 말이 없을 때, 그냥 그 자리에 대신 집어넣는 말이에요. 이렇게 우리가 쓰는 '말'은 완벽하지가 않아요. 가끔 어떤 말은 들어도 무슨 말인지 잘 모르겠고, 뭔가 부족한 느낌이 들기도 해요. '현재완료 시제'란 말도 그런 경우에 해당할 것 같아요. '현재완료 시제'는 'Present Perfect Tense'란 영어 용어를 우리말로 옮기면서 생겨난 이름이에요.

지난 시간에 배운 '진행 시제'에 이어 이번 시간에는 '완료 시제'란 걸 배워볼 텐데요, 이 '완료 시제'는 한마디로 〈시간의 덩어리〉 개념이에요. 두 개의 시간을 동시에 묶어서 얘기해주는 건데, 우리말에는 없는 개념이에요. 우리말은 '과거 시제'와 '현재완료'라는 시제의 해석이 '~했다'로 똑같아서 처음 배울 때 이해하기가 좀 어려워요. 하지만 '완료 시제'는 영어에서 아주 흔한 시간 표현법이라 잘 익혀둬야 해요.

'완료 시제'는 〈조동사+과거분사형〉형태로 만드는데, 과거분사형 부분에서 '뜻'이 나오고, 조동사인 'have동사'는 원래 동사의 역할을 넘겨받아 다음

4가지 역할을 처리해줘요.

	조동사 부분	과거분사형 부분
	have동사 그룹	동사원형 + ed 또는 〈불규칙형〉
역할	① 주어와 수 일치 맞추기 ② 시간 표현(과거/현재/미래) ③ 부정문, 의문문 형태 만들기 ④ 축약 형태 만들기	'뜻'을 나타냄

※ have동사 5단 변화표

원형	현재형		과거형	현재분사형	과거분사형
have	I / You We / They	have	had	having	had
	He / She / It	has			

자, 그럼 쌤놀이를 하면서 완료 시제에 대해 더 자세하게 알아볼까요?

Let's go~! 🐧

▶A c t i o n ① '완료 시제'라는 시간 표현법

이렇게 공부해요 ✌소리 내어 읽으면서 이해합니다. ✌내용을 보면서 선생님이 가르치듯 쌤놀이를 합니다. ✌확인란에 체크!

Todd와 Cathy는 같은 반 친구예요.

Todd는 '덜렁이'고 Cathy는 '똑똑이'예요.

오늘도 Todd는 Cathy에게 연필 좀 빌려달라는 부탁을 하려고 해요.

"나 연필 <u>잃어버렸어.</u>"라고 말하려는데 이걸 영어로 어떻게 말할까요?

우리말 '잃어버렸어.' 때문에 대부분 "I <u>lost</u> my pencil."이라고 했을 거예요.

틀린 표현은 아니에요. 그런데 지금 Todd가 한 말의 숨은 뜻은 이래요.

"나 연필을 잃어버려서 <u>지금 없다.</u> (그러니까 좀 빌려줄래?)"

'과거 시점에 연필을 <u>잃어버렸고</u> <u>지금은 없으니</u> 하나 빌려줘.'

이런 두세 가지 의미를 영어에서는 '한방에 딱' 표현하는 법이 있어요.

그게 바로 '완료 시제'라는 시간 표현법이에요.

'완료 시제' 형태를 이용하면 다음과 같이 표현할 수 있어요.

I lost my pencil. <과거 시제> → I have lost my pencil. <현재완료 시제>

(나 연필 잃어버렸어.)   (나 연필 잃어버렸어.) ⇒ 우리말 해석은 같아요.

→ 단순한 과거 사실을 얘기해요.   → '연필을 잃어버린 일이 지금까지 영향을 미쳐

   이 말을 들은 상대방은 'So?(그래   서 현재 연필이 없는 상태다'라는 뜻이에요.

   서?)'라고 생각하며 그 다음 얘기   그런 의미를 Cathy가 <u>바로 알아듣고</u> 한숨을

   를 <u>기다릴</u> 가능성이 높아요.   쉬면서 필통에서 연필을 하나 꺼내 Todd에게

                              줄 수 있어요.

☑

소리 내어 읽었나요? 1회 □ 2회 □ 쌤놀이를 했나요? Yes □ No □

▶^{A c t i o n} ❷ 완료 시제를 쓰는 규칙

이렇게 공부해요 ✌ 소리 내어 읽으면서 이해합니다. ✌ 내용을 보면서 선생님이 가르치듯 쌤놀이를 합니다. ✌ 확인란에 체크!

우리말과 영어의 차이 중의 하나가 바로 '완료 시제'예요.

영어의 '완료 시제'라는 시간 표현법이 우리말에는 없다고 볼 수 있어요.

'완료 시제'는 한마디로 <시간의 덩어리> 개념이에요.

'두 가지 시점을 동시에 묶어서 얘기를 해주는 개념'이에요.

예를 들어 '현재완료 시제'는 과거와 현재, 두 가지 시간의 덩어리예요.

'어떤 과거 시점에서 시작된 일이 지금 현재 시점에서 어떻다'는 걸

동시에 묶어서 표현해줘요. <과거와 현재의 시간 덩어리> 속에서

① 최근에 '완료'된 일이나, ② 과거부터 지금까지 '경험'한 일,

또는 ③ 과거부터 지금까지 '계속'되는 일 등을 표현할 수 있어요.

우선 먼저 '완료 시제'를 쓰는 규칙부터 살펴보겠어요.

- 평서문 : [주어] + [have동사] + [과거분사형] … .

  → 줄임형(축약형): 예 I've played ~ / We've read ~

- 부정문 : [주어] + [have동사] + [not] + [과거분사형] … .

  → 줄임형(축약형): 예 She hasn't made ~

- Yes/No 의문문: [have동사] + [주어] + [과거분사형] … ?

  → 대답: 예 Yes, she has. / No, she hasn't.

- 의문사 의문문 : [의문사] + [have동사] + [주어] + [과거분사형] … ?

✓
소리 내어 읽었나요? 1회 □ 2회 □ 쌤놀이를 했나요? Yes □ No □

Action 3 현재완료 시제의 세 가지 의미

이렇게 공부해요 ✌ 소리 내어 읽으면서 이해합니다. ✌ 내용을 보면서 선생님이 가르치듯 쌤놀이를 합니다. ✌ 확인란에 체크!

그럼 이제 예문을 보며 '완료 시제'가 쓰이는 상황을 익혀봅시다.

여기서는 '현재완료 시제'만 배워보겠어요. '과거완료, 미래완료 시제'는

주로 <확장 문장>과 함께 쓰이기 때문에 3권에서 다룰 거예요.

'현재완료 시제'는 과거에서 현재까지의 시간 덩어리 안에서

다음 세 가지 시간 상황을 표현해줄 수 있어요.

● 최근에 벌어진 일(완료, 결과) : <~했다> → 우리말로 과거형과 똑같이 해석되지만 숨은 뜻
  이 더 있어요.

  • I have lost my keys. (나는 열쇠를 잃어버렸다. → **지금도 잃어버린 상태다.**)

  • My brother has broken his arm. (내 동생은 팔이 부러졌다. → **지금도 부러진 상태다.**)

  • I have already seen the movie. (나는 그 영화 이미 봤어. → **그래서 그 영화 또 안 볼 거야.**)

● 지금까지의 '경험'으로 여겨지는 일 : <~한 적이 있다>

  • I have seen the movie twice. (나는 그 영화를 두 번 봤다.)

  • Have you been to London? (너는 런던에 가본 적 있니?)

  • How many times have I told you this? (몇 번이나 내가 너에게 이걸 말해줬니?)

● 과거부터 지금까지 '계속'되는 일 : <~해 왔다>

  • Cathy has been sick for two days. (Cathy는 이틀 동안 계속 아팠다.)

  • It has rained since last night. (어젯밤부터 비가 온다.)

  • How long have you known Mike? (너는 Mike를 얼마나 오래 알아오고 있니?)

뒤의 <조금 더 알아봐요!>에서 더 많은 예문으로 '완료 시제'를 복습해보세요~~

소리 내어 읽었나요? 1회 ☐ 2회 ☐ 쌤놀이를 했나요? Yes ☐ No ☐

▲▲H 놀이 확인문제

이렇게공부해요

✌ 쌤놀이 내용을 떠올리며 빈칸을 채워봅니다. ✌ 쌤놀이 내용을 참고해도 됩니다. ✌ 답 확인 후 소리 내어 읽어보세요.

빈칸에 들어갈 알맞은 말을 써보세요.

1 '완료 시제'는 우리말에는 없는 개념이에요.

우리말은 '완료 시제'를 그냥 '과거 시제'와 똑같이 '~ ① [ ][ ]'로

해석하고 따로 구분을 하지 않아도 지장이 없어요.

2 현재완료 시제는 한마디로 시간의 ① [ ][ ][ ] 개념이에요.

어떤 ② [ ][ ] 시점과 ③ [ ][ ] 시점을 동시에 묶어서 표현해줘요.

3 완료형 시제 = ① [ ][ ][ ][ ] 동사 + ② [ ][ ][ ][ ][ ] 형

형태를 말해요.

과거분사형 부분에서 '뜻'이 나오고, 조동사인 'have동사'는

원래 동사의 역할(수/시제 일치)을 넘겨받아 처리를 해줘요.

4 '현재완료 시제'는 다음과 같은 시간 상황을 표현해줄 수 있어요.

▸① [ ][ ] 에 벌어진 일 : ~했다

→ I have lost my keys. (나는 열쇠를 잃어버렸다. → 지금도 잃어버린 상태다.)

▸지금까지의 ② [ ][ ] 으로 여겨지는 일 : ~한 적이 있다

→ I have seen the movie twice. (나는 그 영화를 두 번 봤다.)

▸과거부터 지금까지 ③ [ ][ ] 되는 일 : ~해 왔다

→ Cathy has been sick for two days. (Cathy는 이틀 동안 아픈 상태이다.)

1. ① 했다 2. ① 덩어리 ② 과거 ③ 현재 3. ① have ② 과거분사 4. ① 최근 ② 경험 ③ 계속

이렇게 공부해요
문제를 풀 때 절대 페이지를 넘겨보지 마세요!(쌤놀이 해설이 있음)
100점 맞기 위해서가 아니라 뭘 모르는지 알기 위해 문제를 풀어보는 거랍니다.^^

A 다음 '현재완료형' 표현의 의미로 알맞은 것을 상자 안에서 골라 번호를 쓰세요.

---

① 완료, 결과　　② 경험　　③ 계속

---

❶ I have lost my keys.　　　　　　　　　　→ _____
(나는 내 열쇠들을 잃어버렸다. → 그 결과 지금 없다.)

❷ I have seen the movie three times.　　　→ _____
(나는 그 영화를 세 번이나 봤어.)

❸ I have lived in Seoul for ten years.　　→ _____
(나는 10년 동안 서울에 살았다.)

❹ He has been to London.　　　　　　　　→ _____
(그는 런던에 가본 적이 있다.)

❺ They haven't seen him for a week.　　　→ _____
(그들은 그를 1주일 동안 계속 못 봤다.)

❻ I have just eaten lunch.　　　　　　　　→ _____
(나는 방금 점심을 먹었다.)

❼ Have you read the book before?　　　　→ _____
(너는 전에 그 책을 읽어본 적 있니?)

❽ Ted has broken his arm.　　　　　　　　→ _____
(Ted는 그의 팔을 부러뜨렸다.)

❾ Nora has been sick for two days.　　　→ _____
(Nora는 이틀 동안 계속 아팠다.)

B 괄호 속의 동사를 이용하여 다음 예시처럼 주어진 조건의 문장을 완성해보세요.

평서문	have/has + 과거분사
부정문	have/has + not(never) + 과거분사 (*줄임형: haven't/hasn't)
Yes/No 의문문	Have/Has + 주어 + 과거분사 ~ ?
의문사 의문문	의문사 + have/has + 주어 + 과거분사 ~ ?

(eat) → '현재완료형 부정문'으로
→ I __have__ __not__ __eaten__ dinner yet. (나는 아직 저녁을 안 먹었다.)

❶ (meet) → '현재완료형'으로 (※meet의 과거분사형: met)

→ Jessy _____ _____ Tommy before.
(Jessy는 Tommy를 전에 만난 적이 있다.)

❷ (rain) → '현재완료형 부정문(줄임형)'으로 (※rain의 과거분사형: rained)

→ It _____ _____ since last month.
(지난 달 이후로 비가 오지 않았다.)

❸ (read) → '현재완료형 Yes/No 의문문'으로 (※read의 과거분사형: read[red])

→ _____ you _____ the book already?
(너는 그 책을 벌써/이미 읽었니?)

❹ (be) → '현재완료형 부정문'으로 (※be의 과거분사형: been)

→ Mom _____ never _____ to Europe.
(엄마는 유럽에 가본 적이 한 번도 없었다.)

❺ (have) → '현재완료형'으로 (※have의 과거분사형: had)

→ Grandpa _____ _____ the car for twenty
years. (할아버지는 그 차를 20년 동안 가지고 있었다.)

❻ (tell) → '현재완료형 의문사 의문문'으로 (※tell의 과거분사형: told)

→ How many times _____ your mom _____
you that? (네 엄마가 너에게 그걸 몇 번이나 말해줬니?)

이렇게 공부해요

✌ 정답과 풀이를 보며 채점을 합니다. ✌ 틀렸거나 헷갈리는 문제는 해설을 읽어보고 쌤놀이로 설명해봅니다. ✌ 모든 문제의 해설을 읽어보면 복습에 큰 도움이 됩니다.

▶ 풀이

1번은 열쇠를 잃어버린 결과 지금 열쇠가 없다는 뜻으로 ①번 완료, 결과의 의미예요.

'지금까지 몇 번이나'라는 뜻으로 현재까지의 경험을 나타내는 ②번의 경우예요.

'과거부터 지금까지 계속 되고 있는 일'을 나타내어 ③번의 경우가 돼요.

'~한 적이 있다'는 뜻으로 지금까지의 '경험'을 나타내는 ②번의 경우가 돼요.

'1주일 전부터 그를 계속 못 보고 있는 상황'을 나타내므로 ③번이에요.

방금 점심을 먹어서 그 결과 배가 고프지 않다는 뜻으로 ①번이에요.

'~한 적이 있는지 없는지' 지금까지의 '경험'을 묻고 있으므로 ②번이 돼요.

팔을 부러뜨린 결과 지금 팔이 아프다는 뜻이 되어 ①번 경우를 나타내고 있어요.

'이틀 동안 계속 아픈 상황'을 나타내고 있으므로 ③번의 경우가 돼요.

A 다음 '현재완료형' 표현의 의미로 알맞은 것을 상자 안에서 골라 번호를 쓰세요.

① 완료, 결과	② 경험	③ 계속

① I have lost my keys.
(나는 내 열쇠들을 잃어버렸다. → 그 결과 지금 없다.) → **❶**

② I have seen the movie three times.
(나는 그 영화를 세 번이나 봤어.) → **❷**

③ I have lived in Seoul for ten years.
(나는 10년 동안 서울에 살았다.) → **❸**

④ He has been to London.
(그는 런던에 가본 적이 있다.) → **❷**

⑤ They haven't seen him for a week.
(그들은 그를 1주일 동안 계속 못 봤다.) → **❸**

⑥ I have just eaten lunch.
(나는 방금 점심을 먹었다.) → **❶**

⑦ Have you read the book before?
(너는 전에 그 책을 읽어본 적 있니?) → **❷**

⑧ Ted has broken his arm.
(Ted는 그의 팔을 부러뜨렸다.) → **❶**

⑨ Nora has been sick for two days.
(Nora는 이틀 동안 계속 아팠다.) → **❸**

B 괄호 속의 동사를 이용하여 다음 예시처럼 주어진 조건의 문장을 완성해보세요.

① (meet) → '현재완료형'으로 (※meet의 과거분사형: met)

→ Jessy _____ **has** _____ **met** _____ Tommy before.
(Jessy는 Tommy를 전에 만난 적이 있다.)

② (rain) → '현재완료형 부정문(줄임형)'으로 (※rain의 과거분사형: rained)

→ It _____ **hasn't** _____ **rained** _____ since last month.
(지난 달 이후로 비가 오지 않았다.)

③ (read) → '현재완료형 Yes/No 의문문'으로 (※read의 과거분사형: read[red])

→ _____ **Have** _____ you _____ **read** _____ the book already?
(너는 그 책을 벌써/이미 읽었니?)

④ (be) → '현재완료형 부정문'으로 (※be의 과거분사형: been)

→ Mom _____ **has** _____ never _____ **been** _____ to Europe.
(엄마는 유럽에 가본 적이 한 번도 없었다.)

⑤ (have) → '현재완료형'으로 (※have의 과거분사형: had)

→ Grandpa _____ **has** _____ **had** _____ the car for twenty years. (할아버지는 그 차를 20년 동안 가지고 있었다.)

⑥ (tell) → '현재완료형 의문사 의문문'으로 (※tell의 과거분사형: told)

→ How many times _____ **has** _____ your mom _____ **told** _____ you that? (네 엄마가 너에게 그걸 몇 번이나 말해줬니?)

▶️ 풀이

현재 완료형을 쓰는 규칙은 <have/has + 과거분사>이므로, 3인칭 단수 주어 Jessy에 맞춰 'has met'로 써줘야 맞아요.

현재 완료형의 부정문은 <have/has + not + 과거분사>로 'not'을 중간에 써주면 돼요. 'has not'의 줄임형은 hasn't가 돼요.

현재 완료형의 Yes/No 의문문은 <Have/Has + 주어 + 과거분사>예요. 2인칭 주어 you에 맞춰 'Have you read ~?'로 써줘야 해요. 'read'는 불규칙동사로 과거분사형은 형태가 똑같은 'read'이지만 발음이 [red(레드)]로 달라지니까 주의해야 해요.

현재 완료형의 부정문인데 'not' 대신 'never'를 써서 '한번도 ~한 적이 없었다'를 나타낼 수 있어요. '~에 가본 적이 없다'는 표현에 Be동사를 쓰는데, Be동사의 과거분사형은 'been'이라는 것에 주의해야 해요.

현재 완료 형태 <have/has + 과거분사>와 3인칭 단수주어 Grandpa에 맞춰 'has had'로 써줘야 해요. 동사 'have'의 과거분사형은 'had'라는 것 잘 기억해야 해요.

의문사가 있는 현재 완료형 쓰는 규칙은 <의문사 + have/has + 주어 + 과거분사>로, 3인칭 단수주어 your mom에 맞춰 'How many times has your mom told ~?'로 써주면 돼요.

현재완료 시제 추가 예문

이렇게 공부해요 보충수업이에요. 현재완료 시제로 쓰인 추가 예문을 소리 내어 읽어보며 복습해보세요.

● 과거와 현재를 연결시켜주는 현재완료 시제

'현재완료'는 과거에 일어난 일과 현재 상황이 연결되어 있어요. '원래 해석' 이상의 '숨은 뜻'이 들어있어서, 앞뒤 이어지는 대화가 있어야 그 숨은 뜻을 이해할 수 있어요.

· I have already seen the movie. (원래 해석: 나 그 영화 이미 봤어.)

☞ 숨은 뜻 예1 그래서 그 영화 또 보기 싫어. / 예2 너랑 영화보러 가는 건 됐거든.

· I have forgotten your name. (원래 해석: 나는 네 이름을 잊어버렸어.)

☞ 숨은 뜻 예 그러니까 네 이름 좀 다시 말해줄래?

● 현재완료 시제 주의 사항

'과거 시제'는 과거의 일만 표현하는 반면, '현재완료 시제'는 과거에서 현재까지의 시간 덩어리를 나타내요. 그래서 분명한 과거를 나타내는 '부사 표현'과 같이 쓰면 틀려요.

· I saw Tom yesterday. (나 어제 Tom을 봤어.) (O) / I have seen Tom yesterday. (X)

· I saw Tom a week ago.(나 일주일 전에 Tom을 봤어.) (O) / I have seen Tom a week ago. (X)

· When did you hear the news? (그 뉴스를 언제 들었니?) (O)

※ When have you heard the news? (X)

☞ 'when(언제) 의문문'은 특정한 때를 묻기 때문에 현재완료 시제는 못 써요.

● 완료, 결과의 의미

〈just(방금), already(이미, 벌써), yet(아직)〉 등의 부사와 함께 잘 쓰여요.

· I have already finished my homework. (나는 숙제를 이미 다 끝냈다.)

· I have just eaten dinner. (나는 방금 저녁을 먹었다.)

· The bus hasn't arrived yet. (그 버스는 아직 도착하지 않았다.)

· He has sold his car recently. (그는 최근에 그의 차를 팔아버렸다.)

- Jerry has broken his arm. (Jerry는 그의 팔을 부러뜨렸다. → 지금 팔이 아프고 불편함.)

- I have lost my keys. (나는 내 열쇠들을 잃어버렸다. → 지금 열쇠가 없어 문을 열지 못함.)

● 경험의 의미

어떤 경험이 있는지 없는지, 또는 몇 번 있는지를 주로 표현해요.

- Have you read the book before? (전에 그 책 읽어본 적 있니?)

  대답 → Yes, I have. / No, I haven't.

- She has never been to New York. (그녀는 뉴욕에 가본 적이 한 번도 없다.)

- I have seen the movie three times. (나는 그 영화를 세 번이나 봤어.)

● 계속의 의미

〈for(~동안), since(~이후로)〉와 주로 같이 쓰여요.

- The weather has been bad since yesterday.

  (날씨가 어제 이후로 안 좋았다. → 지금도 안 좋음.)

  → 분명한 과거 표현인 'yesterday'가 'since' 뒤에 쓰여서, '어제부터 계속 지금까지'라는 시간 덩어리를 나타냄.

- I have lived in Seoul for ten years. (나는 10년 동안 서울에 살았다. → 지금도 서울에 살고 있음.)

※ I lived in Seoul. (→ 과거에 서울에 살았는데 지금은 살지 않음을 나타냄.)

- We haven't seen Brian for a week. (우리는 Brian을 일주일 동안 못 봤다.)

과거분사 형태 익히기

이렇게 공부해요 오늘 배운 내용, 그리고 앞으로 3권에서 배울 내용과도 연관되어 있으니 여러 번 반복해서 익혀둡니다.

과거분사형은 동사의 과거형을 닮은 낱말로 〈~한, ~된〉의 뜻을 나타내요. '완료 시제'나 '수동태(3권에서 배움)'를 만들 때 쓰이는데, 형태는 규칙동사와 불규칙동사, 두 가지로 나눠요. 규칙동사는 과거와 과거분사 형태가 똑같은데, 동사 끝에 -ed만 붙여주면 돼요.(동사가 -e로 끝날 때는 -d만 붙임.) 반면에 불규칙동사는 따로 외워둬야 해요.

● 불규칙동사 과거분사형의 예

동사원형	과거형	과거분사형	동사원형	과거형	과거분사형
A-B-C 형 (원형–과거형–과거분사형이 모두 다름)			have 가지다	had	had
be ~이다, 있다	was/were	been	hear 듣다	heard	heard
begin 시작하다	began	begun	leave 떠나다	left	left
break 깨다	broke	broken	make 만들다	made	made
do ~하다	did	done	meet 만나다	met	met
eat 먹다	ate	eaten	say 말하다	said	said
forget 잊다	forgot	forgotten	sit 앉다	sat	sat
get 얻다	got	gotten	stand 서다	stood	stood
give 주다	gave	given	tell 말하다	told	told
go 가다	went	gone	think 생각하다	thought	thought
know 알다	knew	known	A-B-A 형 (원형과 과거분사형이 같은 경우–몇 개 안 됨)		
see 보다	saw	seen	become 되다	became	become
sing 노래하다	sang	sung	come 오다	came	come
speak 말하다	spoke	spoken	run 달리다	ran	run
swim 수영하다	swam	swum	A-A-A 형 (원형–과거형–과거분사형이 모두 같은 경우)		
take 가지고 가다	took	taken	hit 때리다	hit	hit
A-B-B 형 (과거형과 과거분사형이 같은 경우)			hurt 다치다	hurt	hurt
build 짓다	built	built	put 두다, 놓다	put	put
buy 사다	bought	bought	read 읽다 [riːd]	read [red]	read [red]
feel 느끼다	felt	felt	set 놓다	set	set
fight 싸우다	fought	fought			

12
시키는 말, 놀라는 말을 어떻게 표현한다고요?

12

시키는 말, 놀라는 말을
어떻게 표현한다고요?

📅 공부한 날. ᗡᗡᗡᗡᗡᗡ 월 ᗡᗡᗡᗡᗡᗡ 일 ᗡᗡᗡᗡᗡᗡ 요일

이렇게 공부해요 소리 내어 읽어보며 이해합니다. 선생님이 읽어주는 녹음 파일을 들어보면 더 좋습니다.

문장의 종류로 다섯 가지가 있었죠. '평서문, 의문문, 부정문' 만들기는 앞에서 잘 배웠고, 이제 '명령문, 감탄문'으로 마무리를 해보려고 해요. 명령문과 감탄문은 쉽게 말해 '시키는 말'과 '놀라는 말'이에요.

명령문은 또 '시키는 문장(명령문)'과 '제안하는 문장(제안문)'으로 나눠요. 우리가 뭘 시킬 때 상대방은 '너 또는 너희들'이죠. 또 뭘 제안할 때 상대방은 '나를 포함해서 너'니까 '우리'가 돼요. 그래서 명령문은 '(너/너희들→You) …해라.'는 말이 되고, 제안문은 '(우리→We) …하자.'라는 말이 돼요.

명령문과 제안문이 만들어지는 원리는 'You'와 'We'가 주어인 평서문에서 '주어 You와 We'를 없애고 동사를 '동사원형'으로 쓰는 거예요. 이때, 제안문은 '동사원형' 앞에 'Let's'란 말을 붙여줘요. Let's는 'Let us'의 줄임말인데, 예의를 갖춰서 딱딱하게 말하는 경우 줄여 쓰지 않을 수도 있어요.

📢 **Let us pray together.** (함께 기도합시다.)

또, 부정 명령문/제안문을 만드는 규칙과 함께 명령문 뒤에 접속사 'and'와 'or'를 연결해서 〈…해라, 그러면/그렇지 않으면〉이라는 독특한 문장 형태

가 있는데, 이런 내용들은 쌤놀이 본문에서 살펴볼 거예요.

　그럼 이제, '감탄문의 원리'를 알아보도록 해요. 감탄문은 감동을 했거나 놀란 상황을 나타내고, 끝에 느낌표(!)를 붙여요. 영어에서는 감동했거나 놀란 부분을 다음 두 가지로 나눠서 표현해요.

① 사람, 물건을 감탄함. → '명사' 강조 → What으로 시작.

② 어떤, 어떻게를 감탄함. → '형용사/부사' 강조 → How로 시작.

　감탄문에서 'What'과 'How'는 의문문에서처럼 문장 제일 앞에 와서 마치 감탄문 표시 깃발처럼 쓰여요. 감탄문을 만드는 규칙도 본문에서 자세히 살펴볼 거예요. 다음 시간부터는 1권에서 배웠던 품사들에 대해 더 많은 내용을 배워보려고 해요. 그럼 또 힘차게 출발해봅시다~~!

▶Action ① 명령문과 제안문 규칙

이렇게공부해요 ✌ 소리 내어 읽으면서 이해합니다. ✌ 내용을 보면서 선생님이 가르치듯 쌤놀이를 합니다. ✌ 확인란에 체크!

이번 시간에는 '명령문'과 '감탄문'으로 문장의 종류를 마무리해 보려고 해요.

명령문은 '뭔가를 시키는 말'이고, 감탄문은 '놀라는 말'이에요.

각 문장 규칙들이 처음엔 좀 헷갈리지만 자꾸 보면 곧 익숙해져요.

명령문은 다시 '시키는 문장(명령문)'과 '제안하는 문장(제안문)'으로 나뉘는데,

명령문과 제안문을 만드는 규칙은 다음과 같아요.

명령문(~해라/~하지 마라)	제안문(~하자/~하지 말자)
긍정 **명령문**	긍정 **제안문**
~~You~~ are quiet. / ~~You~~ study hard. ↓ 주어 You를 없애고, 동사원형을 써요. Be quiet. / Study hard. (조용히 해.) / (공부 열심히 해.)	~~We~~ are friends. / ~~We~~ go shopping. ↓ 주어 We를 없애고, Let's를 붙이고, 동사원형을 써줘요. Let's be friends. / Let's go shopping. (우리 친구하자.) / (우리 쇼핑 가자.)
부정 **명령문**	부정 **제안문**
Don't / Never + 동사 원형 ~. Don't be late. / Don't tell a lie. (늦지 마라.) / (거짓말 하지 마라.)	Let's + not + 동사 원형 ~. Let's not make a noise. (시끄럽게 하지 말자.)

참고로, 부정 명령문에 'Never'를 쓰면 '절대 ~하지 마라'로 강조의 뜻이 돼요.

예 Never tell a lie.

또, 문장 앞 또는 뒤에 'please'를 붙이면 공손한 표현이 돼요.

예 Please be quiet. = Be quiet, please.

소리 내어 읽었나요? 1회 ☐ 2회 ☐ 쌤놀이를 했나요? Yes ☐ No ☐

▶ Action ② 명령문 다음에 'and'나 'or'가 오면

하나 더, 명령문 뒤에 접속사 'and' 또는 'or'가 오고 뒤에 또

문장이 붙는 형태가 있어요.

원래 'and'는 '~이고', 'or'는 '~이거나'의 뜻이지만

이 문장형태에서는 각각 '그러면'과 '그렇지 않으면'의 뜻으로 쓰여요.

- **명령문 + and/or + 주어 + 동사 ~** (…해라, 그러면/그렇지 않으면 ~)

① 　명령문　 , and + 　좋은 일　

② 　명령문　 , or + 　좋지 않은 일　

예 · Study hard, and you will get a good grade.

   (열심히 공부해라, 그러면 너는 좋은 성적을 얻을 것이다.)

· Hurry up, or you will miss the bus.

   (서둘러라, 그렇지 않으면 너는 버스를 놓칠 것이다.)

그럼 이제 감동을 했거나 놀람을 나타내는 <감탄문>을 배워봅시다.

보통 우리가 '감탄'을 하는 내용에는 두 가지 종류가 있어요.

어떤 '대상(사람, 물건)'이거나, 또는 어떤 '상태나 동작이 어떻게 되는지'예요.

예를 들어, 친구가 차고 있는 시계(물건)를 보고 '멋진 시계네!'라고 하거나,

누가 운이 좋았을 때 '운이 좋구나!'라고 감탄하는 말을 할 수 있어요.

이런 말들을 영어에서는 'What'과 'How'를 제일 앞에 써서 만들 수 있어요.

▶ᴬᶜᵗⁱᵒⁿ **3** 감탄문 규칙

이렇게공부해요 ✌ 소리 내어 읽으면서 이해합니다. ✌ 내용을 보면서 선생님이 가르치듯 쌤놀이를 합니다. ✌ 확인란에 체크!

그럼 이제 <감탄문>이 만들어지는 원리를 한번 살펴보죠.

예를 들어, 'He is very lucky. (그는 매우 운이 좋다.)'란 문장이 있어요.

이걸 '(그는) 정말 운이 좋구나!'라고 할 때 강조하는 부분은 'lucky'예요.

이렇게 '형용사' 또는 '부사'가 강조되는 감탄문의 규칙은 이래요.

| How | + | 형용사/부사 | + | (주어+동사) | ! |

→ How lucky (he is)!

이때, '주어+ 동사'는 뭘 말하는지 이미 알기 때문에 자주 빼고 말해줘요.

이번에는 'You wear a very nice watch. (너는 매우 멋진 시계를 차고 있다.)'에서, 이걸 '정말 멋진 시계네 (네가 찬 게)!'라고 하면 'watch'가 강조돼요.

이렇게 '명사'가 강조되는 감탄문은 단수/복수명사를 구별해서 아래와 같아요.

		a/an	+	형용사	+	단수 명사	+	(주어+동사)	!
What	+								
		형용사	+	복수 명사	+	(주어+동사)	!		

→ What a nice watch (you wear)!

  또는 What beautiful houses (they have)!

예 How smart (she is)! (정말 영리하구나!)

  How fast he runs! (그는 정말 빨리 달리구나!)

  What an interesting story (it is)! (정말 재미있는 이야기네!)

이번 시간에는 문장의 종류 마지막으로 '명령문'과 '감탄문'을 배워봤어요.

<조금 더 알아봐요!>에서 배울 '부가 의문문'도 많이 쓰이니까 잘 익혀둡시다!

☑

소리 내어 읽었나요? 1회 ☐ 2회 ☐ 쌤놀이를 했나요? Yes ☐ No ☐

⚠️H 놀이 확인문제

✌️쌤놀이 내용을 떠올리며 빈칸을 채워봅니다. ✌️쌤놀이 내용을 참고해도 됩니다. ✌️답 확인 후 소리 내어 읽어보세요.

빈칸에 들어갈 알맞은 말을 써보세요.

1 명령문 만드는 규칙 : 〈~해라 / ~하지 마라〉

- 긍정 명령문 : ~~You~~ are quiet. / ~~You~~ study hard.

  → 주어 'You'를 없애고, ① ☐☐☐☐ 을 써요.

- 부정 명령문 : 긍정 명령문 ② ☐☐ 'Don't' 또는 'Never'를

  붙여줘요.

2 제안문 만드는 규칙 : 〈~하자 / ~하지 말자〉

- 긍정 명령문 : ~~We~~ are friends. / ~~We~~ go shopping.

  → 주어 'We'를 ① ☐☐☐ , Let's를 붙이고, '동사원형'을 써줘요.

- 부정 명령문 : Let's 와 동사원형 사이에 ② ☐☐☐ 을 넣어요.

3 감탄문 만드는 규칙 : 〈~하구나!〉

- '형용사/부사'가 강조되는 감탄문 : ① ☐☐☐ + 형/부 + (주어 + 동사)!

- '명사'가 강조되는 감탄문 : ② ☐☐☐☐ + (관 + 형) + 명 + (주어 + 동사)!

4 〈명령문, and + '좋은 일'〉 문장에서 'and'는 ① ☐☐☐ 으로 해석.

- **Study hard, and you will get a good grade.**

  〈명령문, or + '좋지 않은 일'〉 문장에서 'or'는

  ② ☐☐☐☐☐☐ 으로 해석.

- **Hurry up, or you will miss the bus.**

이렇게 공부해요

문제를 풀 때 절대 페이지를 넘겨보지 마세요!(쌤놀이 해설이 있음)

100점 맞기 위해서가 아니라 뭘 모르는지 알기 위해 문제를 풀어보는 기랍니다.^^

A 다음 예시처럼 주어진 문장을 한글 해석에 맞게 <u>명령문</u> 또는 <u>제안문</u>으로 바꿔 써보세요.

> You are kind to your sister. → 네 여동생에게 친절해라.
>
> [명령문] _____ **Be** _____ **kind** _____ to your sister.

① You study hard before the test. → 시험 전에 열심히 공부해라.

[명령문] _____ _____ before the test.

② We clean the classroom. → 교실을 청소하자.

[제안문] _____ _____ the classroom.

③ You are nice to the new student. → 그 새(전학 온) 학생에게 친절해라.

[명령문] _____ _____ to the new student.

④ You are not late again. → 다신 늦지 마라.

[부정 명령문] _____ _____ late again.

⑤ You don't tell a lie. → 거짓말하지 마라.

[부정 명령문] _____ _____ a lie.

⑥ We don't make a noise. → 시끄럽게 하지 말자.

[부정 제안문] _____ _____ make a noise.

⑦ You never break the law. → 절대 법을 어기지 마라.

[부정 명령문] _____ _____ the law.

B 올바른 문장이 되도록 괄호에서 알맞은 말을 골라 동그라미 표시하세요.

1 (What / How) an interesting story it is! (정말 재미있는 이야기네!)

2 (What / How) fast Peter runs! (Peter는 정말 빨리 달리는구나!)

3 How (smart / smartly) your dog is! (너의 개는 정말 영리하구나!)

4 Hurry up, (and / or) you will miss the bus.
(서둘러라, 그렇지 않으면 버스를 놓칠 거야.)

C 다음 예시처럼 밑줄 친 부분들 중 틀린 곳을 한 군데 찾아 바르게 고쳐보세요.

> Let's ~~don't~~ speak loudly in the library. → not
> (도서관에서 크게 말하지 말자.)

1 Do quiet in the library. → _____

2 Studies hard before the test. → _____

3 Doesn't forget your homework again. → _____

4 Let have dinner together later. → _____

5 How a nice car your uncle has! → _____

6 Be careful, and you will break the machine. → _____

7 Study hard, or you will get a good grade. → _____

익힘 문제풀이

이렇게 공부해요

✌️ 정답과 풀이를 보며 채점을 합니다. ✌️ 틀렸거나 헷갈리는 문제는 해설을 읽어보고 쌤놀이로 설명해봅니다. ✌️ 모든 문제의 해설을 읽어보면 복습에 큰 도움이 됩니다.

▶️ 풀이

명령문의 원리는 주어 'You'를 없애고, 동사를 동사원형으로 써주는 거죠. 그래서 동사 'study'의 원형을 쓰고 첫 글자를 대문자로 쓰면 'Study hard ~'로 명령문이 완성돼요.

제안문의 원리는 주어 'We'를 없애고, <Let's + 동사원형 ~>으로 써요. 그래서 제안문은 Let's clean the classroom. 이렇게 돼요.

주어 'You'를 없애고, 동사 'are'를 원형으로 쓰면 'Be nice ~.' 이렇게 쓰면 돼요.

부정 명령문은 Be동사든 일반동사든 <Don't + 동사원형 ~> 형태로 써줘야 해요. 따라서 완성되는 부정 명령문은 Don't be late again. 이렇게 돼요.

'You'를 없애고 <Don't + 동사원형 ~> 형태로 써주면, Don't tell a lie가 돼요.

부정 제안문은 <Let's + not + 동사원형 ~>이므로, We don't를 없애고 Let's not을 붙여서 Let's not make a noise. 이렇게 써주면 돼요.

'절대 ~하지 마라'는 Don't를 Never로 써주면 돼요. 그래서 Never break the law. 이렇게 써주면 돼요.

A 다음 예시처럼 주어진 문장을 한글 해석에 맞게 **명령문** 또는 **제안문**으로 바꿔 써보세요.

① You study hard before the test. ➔ 시험 전에 열심히 공부해라.

[명령문] ___Study___ ___hard___ before the test.

② We clean the classroom. ➔ 교실을 청소하자.

[제안문] ___Let's___ ___clean___ the classroom.

③ You are nice to the new student. ➔ 그 새(전학 온) 학생에게 친절해라.

[명령문] ___Be___ ___nice___ to the new student.

④ You are not late again. ➔ 다신 늦지 마라.

[부정 명령문] ___Don't___ ___be___ late again.

⑤ You don't tell a lie. ➔ 거짓말하지 마라.

[부정 명령문] ___Don't___ ___tell___ a lie.

⑥ We don't make a noise. ➔ 시끄럽게 하지 말자.

[부정 제안문] ___Let's___ ___not___ make a noise.

⑦ You never break the law. ➔ 절대 법을 어기지 마라.

[부정 명령문] ___Never___ ___break___ the law.

B 올바른 문장이 되도록 괄호에서 알맞은 말을 골라 동그라미 표시하세요.

① ((What)/ How) an interesting story it is! (정말 재미있는 이야기네!)

② (What /(How)) fast Peter runs! (Peter는 정말 빨리 달리는구나!)

③ How ((smart)/ smartly) your dog is! (너의 개는 정말 영리하구나!)

④ Hurry up, (and /(or)) you will miss the bus.
(서둘러라, 그렇지 않으면 버스를 놓칠 거야.)

▶ 풀이

'an interesting story'에서 중심어인 명사 'story'를 강조하는 감탄문이에요. 따라서 'What'으로 감탄문을 시작해야 해요.

부사 'fast(빨리/빠르게)'를 강조하는 감탄문으로, 이때는 'How'로 감탄문을 시작해요.

형용사 'smart(영리한)'을 강조하는 감탄문이어서 'How'로 감탄문을 시작해요.

문장의 의미상 '그렇지 않으면'이란 말이 필요하므로, 이 경우 'or'를 써줘야 해요.

C 다음 예시처럼 밑줄 친 부분들 중 틀린 곳을 한 군데 찾아 바르게 고쳐보세요.

① ~~Do~~ quiet in the library. → ___Be___
도서관에서 조용히 해라.

② ~~Studies~~ hard before the test. → ___Study___
시험 전에 열심히 공부해라.

③ ~~Doesn't~~ forget your homework again. → ___Don't___
다시 너의 숙제를 잊어버리지 마라.

④ ~~Let~~ have dinner together later. → ___Let's___
나중에 같이 저녁을 먹자.

⑤ ~~How~~ a nice car your uncle has! → ___What___
너의 삼촌은 정말 멋진 차를 가졌구나!

⑥ Be careful, ~~and~~ you will break the machine. → ___or___
조심해라, 그렇지 않으면 너는 그 기계를 부술 것이다.

⑦ Study hard, ~~or~~ you will get a good grade. → ___and___
열심히 공부해라, 그러면 너는 좋은 성적을 얻을 것이다.

▶ 풀이

'조용하다'는 'Be동사 + quiet'이므로 동사원형 'Be'로 시작해야 맞아요.

명령문은 동사원형으로 시작해야 하므로 'Study'로 고쳐야 해요.

부정 명령문은 항상 Don't로 시작해야 맞아요.

제안문은 Let이 아니라 Let's로 시작해야 해요.

명사 'car'를 강조하는 감탄문이므로, How가 아니라 What이 맞아요.

'그렇지 않으면'을 나타내는 말은 'and'가 아니라 'or'로 써야 해요.

'그러면'을 나타내는 말은 'or'가 아니라 'and'로 써야 맞아요.

부가 의문문, 이것도 의문문인가요?

이렇게 공부해요 문장의 5가지 종류 중 '의문문'에 대한 보충수업이에요. 소리 내어 읽어보면서 이해합니다.

"You are hungry, aren't you?"

"You don't know the answer, do you?"

"Judy can swim, can't she?"

위 문장들을 보세요. 문장 끝 부분 쉼표 다음에 '의문문의 앞 단어 두 개'와 물음표가 있죠? 대화 내용이 많은 동화책 같은 데서 이런 문장 형태가 잘 나오는데, 위 밑줄 친 부분을 특별히 〈부가 의문문(Tag Question)〉이라고 불러요. 우리말의 "그렇지?/그렇지 않니?"에 해당하는 말인데, 예를 들어, "너 숙제 안했지, 그렇지?"라고 묻는 경우를 말해요. 평서문, 부정문, 명령문 끝에 이런 말이 붙어 의문문을 만들게 돼요. '부가'라는 말은 '추가로 붙는다'는 뜻이에요.

● 부가 의문문을 만드는 규칙

① 앞쪽이 긍정형이면 뒤쪽 부가 의문문은 부정형, 앞쪽이 부정형이면 부가 의문문은 긍정형.

② 부정형은 항상 줄임형으로, 그 뒤 주어는 인칭 대명사로. 대답은 그러면 Yes, 아니면 No로.

● 동사 형태에 따른 부가 의문문의 예

be동사	• It is Thursday, isn't it? (오늘 목요일이지, 그렇지 않니?)	→ 대답: Yes, it is. / No, it isn't. (그래요.)　　(아뇨.)
일반동사	• You like music, don't you? (너 음악 좋아하지, 그렇지 않니?)	→ 대답: Yes, I do. / No, I don't. (네, 좋아해요.) (아뇨, 안 좋아해요.)
조동사	• Mary can't swim, can she? (메리는 수영 못하지, 그렇지?)	→ 대답: Yes, she can. / No, she can't. (아뇨, 할 수 있어요.) (네, 수영 못해요.)
명령문	• Give me a hand, will you? (나 좀 도와줘, 응?)	※명령문의 부가 의문문은 항상 'will you?'
제안문	• Let's take a break, shall we? (우리 잠깐 쉬자, 응?)	※제안문의 부가 의문문은 항상 'shall we?'

놀이
▶ 개념영문법

13

명사를 셀 수 있고 없고가
왜 중요해요?

13

명사를 셀 수 있고 없고가
왜 중요해요?

📅 공부한 날. ∿∿∿∿ 월 ∿∿∿∿ 일 ∿∿∿∿ 요일

소리 내어 읽어보며 이해합니다. 선생님이 읽어주는 녹음 파일을 들어보면 더 좋습니다.

밥상에 숟가락 대신 망치가 놓여있다면 어떻겠어요? "망치가 왜 여기 있어?" 그러겠죠? 어떤 일을 할 때 항상 쓰임에 맞는 도구와 재료가 필요해요.

우리는 '의사소통'을 하기 위해 문법 공부를 해요. 그래서 '문장'을 이해하고 제대로 만드는 법을 열심히 배우고 있는데, 문장의 고수가 되려면 문장 재료를 잘 알고 있어야 해요. 그 문장의 재료가 바로 '품사'인데요, 품사는 낱말들을 같은 특징끼리 정돈해서 묶어 놓은 거예요. 품사는 문장 속에 쓰일 때 각각의 쓰임이 정해져 있기 때문에, 품사를 잘 알면 알수록 올바른 문장을 빨리 만들 수 있어요.

이번 시간에는 이름을 나타내는 말인 '명사'를 좀 더 배워보겠어요. 우리말과 달리 영어에서는 명사를 셀 수 있는 것과 셀 수 없는 것으로 나눠요. 셀 수 있는 명사의 복수(두 개 이상) 형태를 1권에서 배웠는데, 이제 셀 수 없는 명사의 쓰임을 살펴보려고 해요.

셀 수 없는 명사에는 '고유명사', '물질명사', '추상명사' 같은 것들이 있어요. 어떤 단어들이 여기에 속하는지 자세한 내용은 쌤놀이에서 살펴볼 거예요.

그런데 셀 수 없는 명사라도 수를 세어야 하는 상황이 발생해요. 보통 '물질명사(물, 우유, 설탕 등)'들이 그런 경우가 많은데, 이걸 어떻게 해결하느냐 하면, '단위명사'라는 걸 이용해서 그 단위대로 수를 세어주면 돼요. 예를 들어, '물 두 병'은 'two bottles of water', 이렇게 말하는데, 이것도 쌤놀이 본문에서 자세히 알아보겠어요.

그런데 왜 이렇게 셀 수 있는지 없는지를 놓고 따지는지 좀 귀찮지요? 그 이유는 바로 '주어와 동사의 수 일치' 때문이에요. 명사가 주어로 많이 쓰이기 때문에 그 명사가 지금 단수인지 복수인지 알아야 '수 일치' 규칙을 맞춰줄 수 있어요. 또, 만약 그 명사를 대신해서 대명사를 쓸 때 단수인지 복수인지 알아야 'it'을 쓸지 'they'를 쓸지 그런 걸 정할 수가 있어요.

정리를 해보자면 첫째, '명사'는 문장에서 '주어'로 많이 쓰이는 재료인데, 셀 수 있는 명사와 셀 수 없는 명사로 구별한다는 걸 알아야 해요. 둘째, 셀 수 있는 명사의 복수 형태를 자꾸 반복해서 기억을 해둬야 해요. 그리고 셋째, 셀 수 없는 명사도 그 단위를 어떻게 세는지 잘 알고 있어야 한답니다. 👤

▶ Action ① 고유명사, 물질명사, 추상명사

이렇게 공부해요   ✌ 소리 내어 읽으면서 이해합니다.   ✌ 내용을 보면서 선생님이 가르치듯 쌤놀이를 합니다.   ✌ 확인란에 체크!

명사의 복수 형태가 아래처럼 다양하다고 1권에서 배웠어요.

㉠ book → book**s** / bus → bus**es** / city → cit**ies** / wolf → wol**ves**

　 foot → **feet** (불규칙한 경우) / sheep → **sheep** (똑같은 경우)

복수 형태가 있으니까 당연히 이 명사들은 '셀 수 있는 명사'예요.

그런데 영어에서는 명사 중에 '셀 수 없는 명사'도 있어요.

아래처럼 '고유명사, 물질명사, 추상명사'를 셀 수 없는 명사로 구분해요.

① 고유명사: 특별한 한 대상의 이름   ㉠ John, Seoul, Korea, Harry Potter, …

② 물질명사: 물질이나 재료의 이름   ㉠ water, sugar, gold, air, money, …

③ 추상명사: 생각이나 개념의 이름   ㉠ love, hope, time, music, peace, …

이 셀 수 없는 명사는 말 그대로 셀 수가 없기 때문에

'a/an'을 붙이지도 않고, '-(e)s'를 붙여 복수로 쓰지도 않아요.

㉠ **a** water (x), two water**s** (x)

그런데 일상생활에서 특히 물, 설탕, 돈 같은 물질명사들은

얼마만큼이 필요한지 수를 세어야 할 상황이 발생해요.

예를 들어, 그냥 물을 좀 달라고 하면 얼마나 필요한지 막연하잖아요.

이런 막연한 상황을 어떻게 해결하면 좋을까요?

소리 내어 읽었나요? 1회 □ 2회 □ 쌤놀이를 했나요? Yes □ No □

▶ᴬᶜᵗⁱᵒⁿ ❷ 물질명사를 세는 기준, 단위명사

이렇게공부해요 ✌ 소리 내어 읽으면서 이해합니다. ✌ 내용을 보면서 선생님이 가르치듯 쌤놀이를 합니다. ✌ 확인란에 체크!

뭔가가 막연할 때는 분명한 '기준'을 주면 해결이 돼요.

그냥 물이라고 하는 것보다 물 한 컵, 물 두 병, 이렇게 말하는 거예요.

그래서 셀 수 없는 명사는 '단위명사'라는 걸 써서 필요한 양을 나타내요.

┌─────────┐   ┌──────────────┐
│ 단위명사 │ + of + │ 셀 수 없는 명사 │
└─────────┘   └──────────────┘
  ↳ 여기를 복수로 씀.   (※ 셀 수 없는 명사는 그대로 둠!)

예 물 한 병 → a bottle of water

물 다섯 병 → five bottles of water

셀 수 없는 명사, 특히 물질명사의 수량을 나타내는 단위명사는

다음 표와 같이 각각 정해져 있기 때문에 자꾸 보면서 익혀둬야 해요.

단위명사		의미	단위명사로 표시할 수 있는 물질명사
a cup of	two cups of	컵	water, coffee, tea
a glass of	two glasses of	잔	water, milk, juice, cola, wine
a bottle of	two bottles of	병	water, milk, juice
a piece of	two pieces of	조각	cake, cheese, pizza, paper, advice(충고)
a loaf of	two loaves of	덩어리	bread
a bar of	two bars of	개	soap, chocolate
a bowl of	two bowls of	그릇	soup, rice
a sheet of	two sheets of	장	paper, blanket

☑
소리 내어 읽었나요? 1회 □ 2회 □ 쌤놀이를 했나요? Yes □ No □

이렇게 공부해요 ✌ 소리 내어 읽으면서 이해합니다. ✌ 내용을 보면서 선생님이 가르치듯 쌤놀이를 합니다. ✌ 확인란에 체크!

그럼 셀 수 없는 명사의 수량 표현을 예문으로 살펴봅시다.

· Sally drank a glass of milk. / Sally drank two glasses of milk.

　(Sally는 우유 한 잔을 마셨다.)　　　　(Sally는 우유 두 잔을 마셨다.)

· Jack needed a piece of paper. / Jack needed ten pieces of papers.

　(Jack은 종이 한 장이 필요했다.)　　　(Jack은 종이 열 장이 필요했다.)

그런데 말이죠, '명사를 셀 수 있고 없고'가 왜 그렇게 중요할까요?

그 이유는 바로 '주어와 동사의 단수/복수 일치' 문제 때문이에요.

게다가, 어떤 명사를 뒤에 대명사로 바꿀 때 단수인지 복수인지를 알아야

어떤 대명사를 쓸지 결정할 수가 있어요.

· The water in the jar was warm. (항아리 속의 물은 따뜻했다.)

　→ 여기서 주어 'water'는 셀 수 없는 명사로 단수 ⇒ 따라서 동사는 'was'가 되어야 함.

· I drank two glasses of juice. (나는 주스 두 잔을 마셨다.)

　They were really fresh. (그것들은 매우 신선했다.)

　→ 두 잔이므로 복수가 되고, 그걸 대명사로 바꾸면 여기서는 주격 'They'가 되어야 함.

· We have four bottles of water. (우리는 물 네 병을 가지고 있다.)

　Let's put them in the bag. (그것들을 가방에 넣자.)

　→ 네 병이므로 복수가 되고, 대명사로 바꾸면 여기서는 목적격 'them'이 됨.

오늘은 '셀 수 없는 명사'로 더 자세한 명사의 쓰임을 배웠어요.

이어지는 다른 품사의 쓰임도 잘 익혀서 문법 실력을 한층 더 높여 갑시다~ 👨‍🎓

소리 내어 읽었나요? 1회 ☐ 2회 ☐ 쌤놀이를 했나요? Yes ☐ No ☐

⚠H 놀이 확인문제

이렇게공부해요

✌ 쌤놀이 내용을 떠올리며 빈칸을 채워봅니다.　✌ 쌤놀이 내용을 참고해도 됩니다.　✌ 답 확인 후 소리 내어 읽어보세요.

빈칸에 들어갈 알맞은 말을 써보세요.

1 영어에서는 명사를 셀 수 ① ⬜⬜ 것과 ② ⬜⬜ 것으로 나눠요.

　　셀 수 없는 명사에는 ③ ⬜⬜ 명사, ④ ⬜⬜ 명사, 추상명사가 있어요.

2 셀 수 없는 명사라도 ① ⬜⬜ 명사를 이용해서 수를 세어줄 수 있어요.

　　기본 형태는 〈단위명사 + ② ⬜⬜ + 셀 수 없는 명사〉예요.

　　이 '단위명사'를 복수로 만들어 필요한 양을 나타내요.

3 셀 수 없는 명사, 특히 '물질명사'의 수량을 나타내는 단위명사는

　　각각 정해져 있기 때문에 자꾸 보면서 익혀둬야 해요.

　　例　주스 한 잔　　→ a ① ＿＿＿＿＿＿＿＿＿＿＿ of juice

　　　　케이크 한 조각 → a ② ＿＿＿＿＿＿＿＿＿＿＿ of cake

　　　　빵 한 덩어리　→ a ③ ＿＿＿＿＿＿＿＿＿＿＿ of bread

　　　　종이 한 장　　→ a ④ ＿＿＿＿＿＿＿＿＿＿＿ of paper

4 이렇게 영어에서 '명사를 셀 수 있고 없고'가 왜 중요하냐면,

　　첫째, '주어와 동사의 단수/복수 ① ⬜⬜' 문제 때문이에요.

　　둘째, 어떤 명사를 뒤에서 ② ⬜⬜ 로 바꿀 때 단수/복수를 알아야

　　어떤 대명사를 쓸지 결정할 수가 있어요.

1. ① 있는 ② 없는 ③ 고유 ④ 물질 **2.** ① 단위 ② of **3.** ① glass ② piece ③ loaf ④ sheet **4.** ① 일치 ② 대명사

익힘
문제

이렇게 공부해요

문제를 풀 때 절대 페이지를 넘겨보지 마세요!(쌤놀이 해설이 있음)

100점 맞기 위해서가 아니라 뭘 모르는지 알기 위해 문제를 풀어보는 거랍니다.^^

A 문장 속의 밑줄 친 명사가 셀 수 <u>있는</u> 명사인지, 셀 수 <u>없는</u> 명사인지 상자 안에서 골라 번호를 쓰세요.

① 셀 수 <u>있는</u> 명사   ② 셀 수 <u>없는</u> 명사

❶ Please bring me <u>two cups</u>.   → _____

(나에게 컵 두 개를 가져다주세요.)

❷ Can I have a cup of <u>water</u>?   → _____

(물 한 잔 줄 수 있나요?)

❸ He has been to <u>London</u>.   → _____

(그는 런던에 가본 적이 있다.)

❹ I just saw two big <u>mice</u>.   → _____

(나는 방금 두 마리 큰 쥐들을 보았다.)

❺ The farmer has ten <u>sheep</u>.   → _____

(그 농부는 양 열 마리를 가지고 있다.)

❻ People want love and <u>peace</u>.   → _____

(사람들은 사랑과 평화를 원한다.)

❼ The <u>children</u> are playing soccer.   → _____

(그 아이들은 축구를 하고 있는 중이다.)

❽ Can she speak <u>English</u>?   → _____

(그녀는 영어를 말할 수 있나요?)

B 올바른 문장이 되도록 괄호에서 알맞은 말을 골라 동그라미 표시하세요.

① There (was / were) two glasses of juice on the table.

② Do Koreans eat (rice / a rice) every day?

③ Three bottles of water (was / were) not enough for them.

④ How much (milk / milks) do you drink a day?

⑤ How (much money / many moneys) do you have?

C 다음 예시와 같이 밑줄 친 부분들 중 틀린 곳을 한 군데 찾아 바르게 고쳐보세요.

> How ~~much cup~~ of water did you drink today? → many cups
> (너는 오늘 물을 몇 잔 마셨니?)

① Living things need an air and water.   → _____

② The water in the pot were very hot.   → _____

③ I just drank three cup of water.   → _____

④ She had two pieces of pizzas for lunch.   → _____

⑤ Can I have two loaf of bread and two cookies?   → _____

⑥ Mike gave me two bar of chocolates.   → _____

⑦ How many waters do we have in the bag?   → _____

익힘 문제풀이

▶ 풀이

'cup'은 한 개, 두 개 이렇게 셀 수 있는 명사예요.

'water'는 물질명사로 셀 수 없는 명사예요.

'London'은 고유명사로 셀 수 없는 명사예요.

'mice'는 'mouse'의 복수형으로 셀 수 있는 명사예요.

'sheep'은 단수/복수 형태가 같은 셀 수 있는 명사예요.

'peace'는 추상명사로 셀 수 없는 명사예요.

'children'은 'child'의 복수로 셀 수 있어요.

'English'는 고유명사로 셀 수 없는 명사예요.

A 문장 속의 밑줄 친 명사가 셀 수 있는 명사인지, 셀 수 없는 명사인지 상자 안에서 골라 번호를 쓰세요.   ① 셀 수 있는 명사   ② 셀 수 없는 명사

① Please bring me <u>two cups</u>.   → _____ **❶**
(나에게 컵 두 개를 가져다주세요.)

② Can I have a cup of <u>water</u>?   → _____ **❷**
(물 한 잔 줄 수 있나요?)

③ He has been to <u>London</u>.   → _____ **❷**
(그는 런던에 가본 적이 있다.)

④ I just saw two big <u>mice</u>.   → _____ **❶**
(나는 방금 두 마리 큰 쥐들을 보았다.)

⑤ The farmer has ten <u>sheep</u>.   → _____ **❶**
(그 농부는 양 열 마리를 가지고 있다.)

⑥ People want love and <u>peace</u>.   → _____ **❷**
(사람들은 사랑과 평화를 원한다.)

⑦ The <u>children</u> are playing soccer.   → _____ **❶**
(그 아이들은 축구를 하고 있는 중이다.)

⑧ Can she speak <u>English</u>?   → _____ **❷**
(그녀는 영어를 말할 수 있나요?)

▶ 풀이

'juice'는 셀 수 없는 명사지만, 단위 명사인 'glass'는 셀 수가 있어요. '주스'가 '두 잔' 있으므로 이때 Be동사는 복수 형태에 쓰이는 'were'예요.

'rice'는 셀 수 없는 명사로, 앞에 '하나'를 뜻하는 관사 'a'를 붙여 쓰지 않아요.

B 올바른 문장이 되도록 괄호에서 알맞은 말을 골라 동그라미 표시하세요.

① There (was / (were)) two glasses of juice on the table.
탁자 위에 주스가 두 잔 있었다.

② Do Koreans eat ((rice)/ a rice) every day?
한국 사람들은 매일 쌀을 먹니?

❸ Three bottles of water (was / (were)) not enough for them.
물 세 병은 그들에게 충분치 않았다.

'water'는 셀 수 없는 명사지만, 단위 명사 'bottle'은 셀 수가 있어요. 따라서 주어는 복수형이 되어 Be동사는 'were'가 돼야 맞아요.

❹ How much ((milk) / milks) do you drink a day?
너는 하루에 우유를 얼마나 마시니?

'milk'는 셀 수 없는 명사로 복수 형태로 쓰지 않아요. 그래서 'milk'가 답이에요.

❺ How ((much money) / many moneys) do you have?
너는 돈을 얼마나 가지고 있니?

'money'는 셀 수 없는 명사로 복수 형태로 쓰지 않고, 'much'와 같이 쓰여요.

▶ 풀이

C 다음 예시와 같이 밑줄 친 부분들 중 틀린 곳을 한 군데 찾아 바르게 고쳐보세요.

❶ Living things need an air and water.   → ____air____
생물은 공기와 물이 필요하다.

'air'는 셀 수 없는 명사로 관사 'an'을 붙여서 쓰지 않아요.

❷ The water in the pot were very hot.   → ____was____
냄비 속의 물은 매우 뜨겁다.

'water'는 셀 수 없는 명사로 단수예요. 주어가 단수이므로 Be동사는 'were'를 'was'로 고쳐 써야 맞아요.

❸ I just drank three cup of water.   → ____cups____
나는 방금 물을 세 컵 마셨다.

단위명사 'cup'은 복수형이 될 때 복수 형태인 'cups'로 써야 해요.

❹ She had two pieces of pizzas for lunch.   → ____pizza____
그녀는 점심으로 피자 두 조각을 먹었다.

'pizza'는 셀 수 없는 명사로 복수 형태로 쓰지 않아요.

❺ Can I have two loaf of bread and two cookies?   → ____loaves____
빵 두 덩어리와 쿠키 두 개 주실래요?

단위명사 'loaf'의 복수형은 'loaves'로 써줘야 해요.

❻ Mike gave me two bar of chocolates.   → bars of chocolate
Mike는 나에게 초콜릿 두 개를 주었다.

단위명사를 써서 물질명사를 셀 수 있는데 그 형태가 잘못됐어요. '초콜릿 두 개'로 복수형일 때 물질명사 부분이 아니라 단위명사(bar) 부분을 복수 형태로 써줘야 맞아요.

❼ How many waters do we have in the bag?   → ____much water____
우리는 가방에 물을 얼마나 가지고 있어?

'water'는 셀 수 없는 명사이므로 복수형으로 쓸 수 없고 또 'much'와 같이 쓰이므로 'much water'로 고쳐 써줘야 해요.

형용사 'many'는 셀 수 없는 명사 앞에 못써요?

이렇게 공부해요 수량 형용사와 관련해서 꼭 알아둬야 하는 보충수업입니다. 천천히 소리 내어 읽어보면서 이해합니다.

앞에서 '주어/동사 수 일치'와 '대명사 쓰임' 때문에 명사를 셀 수 있고 없음이 중요하다고 했어요. 여기에 추가해서 '형용사 쓰임' 때문에 중요한 이유를 하나 더 살펴보겠어요.

형용사에는 '수량 형용사'란 게 있는데, 명사 앞에 써서 '수 또는 양'이 많거나 적음을 나타내는 낱말들이에요. 이 수량 형용사는 아무 명사나 꾸며줄 수 없고, 아래와 같이 셀 수 있는 명사와 셀 수 없는 명사를 구별해서 꾸며줘야 해요.

'수'를 나타내는 형용사 + 셀 수 있는 명사의 복수형	'양'을 나타내는 형용사 + 셀 수 없는 명사 (복수형 없음)
● many(=a lot of) : (수가) 많은 예 many books (많은 책들) 　 much books (X)	● much(=a lot of) : (양이) 많은 예 much water (많은 물) 　 many water (X)
※ a lot of는 셀 수 있는 명사와 셀 수 없는 명사 구분 없이 쓸 수 있어요. ※ much는 주로 부정문에 쓰여요. 예 They have a lot of water. We don't have much water. 　 (그들은 물을 많이 가지고 있다. 우리는 물을 많이 갖고 있지 않다.)	
● a few : 약간, 조금 / few : 거의 없는 예 He has a few friends. 　 (그는 약간의 친구가 있다.) → 긍정의 의미 　 He has few friends. 　 (그는 친구가 거의 없다.) → 부정의 의미	● a little : 약간, 조금 / little : 거의 없는 예 There is a little water in the cup. 　 (컵에 약간의 물이 있다.) → 긍정의 의미 　 There is little water in the cup. 　 (컵에 물이 거의 없다.) → 부정의 의미
※ I saw a little bird in the tree. (나는 나무에서 작은 새를 보았다.) → 이때의 'little'은 '작은'이란 뜻으로 '수량 형용사'가 아니에요.	

14

대명사가 또 형용사도 된다고요?

14

대명사가 또 형용사도 된다고요?

📅 공부한 날. ⌒⌒⌒⌒ 월 ⌒⌒⌒⌒ 일 ⌒⌒⌒⌒ 요일

이렇게공부해요 소리 내어 읽어보며 이해합니다. 선생님이 읽어주는 녹음 파일을 들어보면 더 좋습니다.

영어는 반복을 싫어해요. 어떤 명사가 한 번 나오면 다음부터는 대명사로 바꿔서 써줘요. 1권에서 '인칭대명사 격(주격, 소유격, 목적격)변화표'에서 이미 잘 배웠어요. 이번 시간에는 대명사가 형용사의 기능을 함께 하는 경우를 살펴보겠어요. 먼저 대명사와 형용사의 역할을 잠깐 복습해볼게요.

대명사 = 앞에 나온 명사를 대신하는 역할	예 Sam is brave. He is kind, too.
형용사 = 명사 앞에서 명사를 꾸며주는 역할 (※꾸며줌/수식함 = 어떤 것에 정보를 추가해서 더 자세히 얘기해주는 것.)	예 Sam is a boy. → Sam is a kind boy. ☞ 그냥 '한 소년'이 아니라 '한 친절한 소년'이라고 Sam을 더 자세히 얘기해줌.

그런데 경우에 따라 대명사가 이런 형용사의 기능을 맡을 때가 있어요. '명사를 대신하긴 하는데 형용사로서 역할을 한다'는 말이에요. 이런 '겹침의 원리'는 다음과 같은 대명사 종류에서 나타나요. 자세한 내용은 쌤놀이 본문에서 살펴볼 거예요.

소유격 대명사	my(나의), our(우리의), your(너의/너희들의), his(그의), her(그녀의), its(그것의), their(그들의)
지시 대명사	this(이것), that(저것), these(이들), those(저들)

부정 대명사	some(일부), other(다른 것), another(또 다른 것), any(아무 것), all(모든 것), each(각각의 것) 등

또한 대명사가 주어에 포함되어 있을 때는 쓰는 순서에 규칙이 있어요.

첫째, 명사와 대명사가 같이 오면 대명사를 앞에 써줘요.

예 <u>She and Paul</u> are playing in the park.

(그녀와 Paul은 공원에서 놀고 있다.)

둘째, 명사 또는 대명사와 'I'를 같이 쓰면 'I'는 항상 뒤에 써줘요.

예 <u>Mike and I</u> are in the same class. (Mike와 나는 같은 반에 있다.)

셋째, 주체가 둘 이상인 경우 대명사 쓰기 순서는 다음과 같아요.

① 'I'가 포함될 때 : Mike and I ⇒ 대명사는 We(우리는)

② 'You'가 포함될 때 : You and Josh ⇒ 대명사는 You(너희들은)

③ 'I / You'가 없을 때 : She and Paul ⇒ 대명사는 They(그들은)

Action ① 소유격 인칭 대명사의 형용사 역할

이렇게 공부해요 ✌️ 소리 내어 읽으면서 이해합니다. ✌️ 내용을 보면서 선생님이 가르치듯 쌤놀이를 합니다. ✌️ 확인란에 체크!

먼저 다음 두 문장을 한번 살펴볼까요?

· Harry has a dog. (Harry는 개 한 마리를 가지고 있다.)

People like his dog. (사람들은 그의 개를 좋아한다.)

이번 시간의 주제는 위 <his>의 성질에 관한 거예요.

<his>는 'Harry'라는 명사를 대신해서 쓰이므로 '대명사'예요.

또한 <his>는 'dog'라는 명사 앞에서 명사를 '꾸며주고' 있어요.

'꾸며준다, 수식한다', 이런 말은 정보를 추가해서 어떤 말을

더 자세히 얘기해준다는 말이에요. 그러니까 '그의 개'라는 말은,

세상의 수많은 개 중에서 특별히 'Harry'라는 사람의 개라고

더 자세히 얘기를 해주고 있는 거예요.

품사 중에 '수식의 역할'을 하는 낱말이 '형용사'와 '부사'인데,

여기 <his>는 'dog'란 명사 앞에서 명사를 꾸며주고 있어요.

즉, <his>가 '형용사' 역할을 한다는 얘기예요.

이제 정리를 해보면, '소유격 인칭 대명사'는 대명사이면서도

기능적으로는 '형용사'로서 역할을 하게 되는 거예요.

그래서 'my, your, his' 등을 '소유 형용사'라고도 불러요.

▶ᵃᶜᵗⁱᵒⁿ ❷ 지시 대명사의 형용사 역할

<samp>이렇게 공부해요</samp> ✌️소리 내어 읽으면서 이해합니다. ✌️내용을 보면서 선생님이 가르치듯 쌤놀이를 합니다. ✌️확인란에 체크!

'대명사 소유격'은 <대명사 개념을 가진 형용사> 역할을 한다고 했어요.

그럼 이제 다음 두 문장을 살펴보겠어요.

① This is a puppy. (이것은 강아지다.)

② This puppy is cute. (이 강아지는 귀엽다.)

①번에서 <this>는 '이것'이란 뜻의 지시 대명사이고, 그 자체로 '주어'가 돼요.

②번에서 <this>는 'puppy'라는 명사를 '수식'하고 있어요.

'puppy'가 중심어로 '주어'이며, 이때 <this>는 '형용사' 역할을 해요.

그래서 우리가 <this(이것), that(저것), these(이것들), those(그것들)>을

'지시 대명사'라고 불렀는데, 이 낱말들의 <바로 뒤에 명사가 올 때>는

'형용사'로 역할이 변해서 '지시 형용사'라고 부르게 돼요.

· That boy is my cousin. (저 소년이 내 사촌이다.)

· These toys are very expensive. (이 장난감들은 매우 비싸다.)

· I don't like those hats. (나는 저 모자들을 좋아하지 않는다.)

이런 현상은 '부정 대명사'라 부르는 낱말에서도 똑같이 나타나요.

여기서 '부정'은 '긍정/부정(否定)'할 때 '그렇지 않은'의 뜻이 아니에요.

'부정(不定) 대명사'의 '부정'은 <정해지지 않은>이란 말이에요.

<some(일부), other(다른 것), another(또 다른 것)> 이런 말들을 말해요.

☑️
소리 내어 읽었나요? 1회 ☐ 2회 ☐   쌤놀이를 했나요? Yes ☐ No ☐

이렇게 공부해요 ✌️소리 내어 읽으면서 이해합니다. ✌️내용을 보면서 선생님이 가르치듯 쌤놀이를 합니다. ✌️확인란에 체크!

'부정 대명사'도 '지시 대명사'처럼 바로 뒤에 명사가 오면

대부분 '형용사'의 역할을 하게 된답니다.

- Some are white, and others are black. (일부는 하얗고, 다른 것들은 검다.)
  → 이때 'some'과 'others'는 대명사로 쓰이고 있어요.
- He sent me some flowers. (그는 나에게 약간의 꽃들을 보내왔다.)
  → 'some'은 '약간의'란 뜻을 나타내는 형용사로 'flowers'를 수식하고 있어요.
- Let's hear other stories, too. (다른 이야기들도 들어보자.)
  → 'other'는 '다른'이란 뜻의 형용사로 'stories'를 수식하고 있어요.

- I don't like this shirt. (나는 이 셔츠가 안 좋아요.)

  Can you show me another? (또 다른 것(=다른 것 하나 더)을 보여주실래요?)
  → 이때 'another'는 대명사로 쓰이고 있어요.
- Can I have another cookie? (나 쿠키 하나 더 먹어도 돼요?)
  → 여기서 'another'는 '또 하나의'란 형용사로 'cookie'를 수식하고 있어요.

'부정 대명사'는 종류가 많고, 표현법과 주의 사항이 굉장히 많아요.

마치 단어 외우기 같아서 '수량 형용사'인 <many, much, few, little> 등과

같이 배우는 게 좋아요.

오늘은 <대명사가 형용사로 쓰이는 원리>를 살펴보았어요.

영어 단어의 '역할은 항상 문장 속에서 정해짐'을 꼭 기억합시다! 🕵️

소리 내어 읽었나요? 1회 ☐ 2회 ☐ 쌤놀이를 했나요? Yes ☐ No ☐

MH 놀이 확인문제

✌ 쌤놀이 내용을 떠올리며 빈칸을 채워봅니다.   ✌ 쌤놀이 내용을 참고해도 됩니다.   ✌ 답 확인 후 소리 내어 읽어보세요.

빈칸에 들어갈 알맞은 말을 써보세요.

1 '소유격 인칭대명사'는 대명사이면서도 기능적으로는

① ☐☐☐   역할을 하게 돼요.

2 지시대명사 'this, that, these, those'도 바로 뒤에 명사가 올 때는

'형용사'로 역할이 변해서 '① ☐☐☐☐☐ '라고 부르게 돼요.

· This is a puppy. (이것은 강아지다.) ☞ 이때 'this'는 지시 ② ☐☐☐

· This puppy is cute. (이 강아지는 귀엽다.)

   ☞ 이때 'this'는 지시 ③ ☐☐☐

3 '부정 대명사'라는 낱말들이 있는데, 이때 '부정(不定)'은

〈① ☐☐☐☐   않은〉이란 말이에요.

'부정 대명사'도 '지시 대명사'와 똑같이 바로 뒤에 명사가 오면

대부분 '② ☐☐☐ '의 역할을 하게 돼요.

📖 · Some are white, and others are black. → 'some, other'는 부정 대명사.

· He sent me some flowers. → 이때 'some'은 형용사로 'flower'를 수식함.

   Let's hear other stories, too. → 이때 'other'는 형용사로 'stories'를 수식함.

4 영어 단어의 역할은 항상 ① ☐☐ ☐   에서 결정되는 거예요.

1. ① 형용사 2. ① 지시 형용사 ② 대명사 ③ 형용사 3. ① 정해지지 ② 형용사 4. ① 문장 속

A 밑줄 친 부분의 해석으로 올바른 것을 고르세요.

➊ <u>That</u> boy is Harry's cousin.

① 저것은 (대명사)　　　　　② 저 (형용사)

➋ <u>This</u> is a really nice dress.

① 이것은 (대명사)　　　　　② 이 (형용사)

➌ This bag is white, but <u>others</u> are black.

① 다른 것들은 (대명사)　　　② 다른 (형용사)

➍ Mr. Larson bought <u>some</u> flowers.

① 일부는 (대명사)　　　　　② 약간의 (형용사)

B 올바른 문장이 되도록 괄호에서 알맞은 말을 골라 동그라미 표시하세요.

➊ Those children in the classroom (is / are) smart.

➋ Be careful with (this / these) knives.

➌ You may have those (cookie / cookies).

➍ (Are / Is) those students Oliver's friends?

➎ That puppy in the flowers (is / are) so cute.

C 한글 해석에 맞게 빈칸에 알맞은 말을 써보세요.

① 저 소년들은 나의 친구들이 아니다.

→ _____ _____ are not my friends.

② 이것들은 나의 것이고, 저것들은 그들의 것이다.

→ _____are mine, and _____ are _____ .

③ 한 신사가 그 숙녀에게 약간의 책들을 보냈다.

→ A gentleman sent the lady _____ _____.

④ 엄마, 나 쿠키 하나 더 먹어도 돼요?

→ Mom, can I have _____ _____?

D 다음 예시처럼 밑줄 친 부분들 중 틀린 곳을 한 군데 찾아 바르게 고쳐보세요.

> The children didn't like this books. → these
> (그 아이들은 이 책들을 좋아하지 않았다.)

① These glass are nice but very expensive.　　　→ _____

② That girl next to the boys are pretty and kind.　→ _____

③ Those hats in the closet is old and dirty.　　　→ _____

④ A: These pants are short.

　　B: Oh, Ok. I will show you it.　　　　　　　→ _____

⑤ A: Are these your books?

　　B: No, it isn't.　　　　　　　　　　　　　→ _____

익힘 문제풀이

이렇게 공부해요

✌ 정답과 풀이를 보며 채점을 합니다. ✌ 틀렸거나 헷갈리는 문제는 해설을 읽어보고 쌤놀이로 설명해봅니다. ✌ 모든 문제의 해설을 읽어보면 복습에 큰 도움이 됩니다.

▶ 풀이

'That'은 명사 'boy'를 수식하는 지시 형용사로 '저'라는 뜻이에요.

이때 'This'는 주어로 쓰이는 지시 대명사로 뜻은 '이것은'이에요.

'others'는 '다른 것들은'을 뜻하는 '대명사'로, 주어 역할을 하고 있어요.

이때 'some'은 '약간의'란 뜻으로 형용사로 쓰이고 있어요.

A 밑줄 친 부분의 해석으로 올바른 것을 고르세요.

① That boy is Harry's cousin. 저 소년은 Harry의 사촌이다.
　　① 저것은 (대명사)　　　　　　❷ 저 (형용사)

② This is a really nice dress. 이것은 정말 멋진 드레스다.
　　❶ 이것은 (대명사)　　　　　　② 이 (형용사)

③ This bag is white, but <u>others</u> are black. 이 가방은 하얗지만, 다른 것들은 검다.
　　❶ 다른 것들은 (대명사)　　　　② 다른 (형용사)

④ Mr. Larson bought <u>some</u> flowers. Larson 씨는 약간의 꽃을 샀다.
　　① 일부는 (대명사)　　　　　　❷ 약간의 (형용사)

▶ 풀이

이 문장의 주어는 중심어인 명사 'children'으로 복수예요. 따라서 동사는 'are'가 맞아요.

복수 명사 'knives(칼들)'과 함께 쓰이는 지시 형용사는 'these'가 돼야 해요.

복수형 지시 형용사 'those'가 앞에 있으므로, 명사는 복수형 'cookies'가 돼야 해요.

주어는 'those students(저 학생들은)'이므로 동사는 'Are'가 맞아요.

주어는 중심어인 명사 'puppy'로 단수이므로, 동사는 'is'가 맞아요. 동사 바로 앞의 명사 'flowers'를 보고 성급하게 복수형 주어로 생각하고 'are'를 고르지 않도록 주의해야 해요.

B 올바른 문장이 되도록 괄호에서 알맞은 말을 골라 동그라미 표시하세요.

① Those children in the classroom (is /(are)) smart.
　　교실의 저 아이들은 영리하다.

② Be careful with (this /(these)) knives.
　　그 칼들을 조심해라.

③ You may have those (cookie /(cookies)).
　　너는 저 쿠키들을 먹어도 된다.

④ ((Are)/ Is) those students Oliver's friends?
　　저 학생들은 Oliver의 친구들이니?

⑤ That puppy in the flowers ((is)/ are) so cute.
　　꽃들 속의 저 강아지는 매우 귀엽다.

C 한글 해석에 맞게 빈칸에 알맞은 말을 써보세요.

① 저 소년들은 나의 친구들이 아니다.

→ __Those__ __boys__ are not my friends.

② 이것들은 나의 것이고, 저것들은 그들의 것이다.

→ __These__ are mine, and __those__ are __theirs__ .

③ 한 신사가 그 숙녀에게 약간의 책들을 보냈다.

→ A gentleman sent the lady __some__ __books__ .

④ 엄마, 나 쿠키 하나 더 먹어도 돼요?

→ Mom, can I have __another__ __cookie__ ?

▶ 풀이

'저 소년들은'은 'Those boys'라고 써야 해요.

'이것들은' = These, '저것들은' = those, 그리고 '그들의 것'은 소유 대명사 theirs예요.

'약간의'는 'some'을 써서 'some books'라고 써주면 돼요.

'쿠키 하나 더'는 '또 하나의 쿠키'란 뜻으로 'another cookie'라고 쓰면 돼요.

D 다음 예시처럼 밑줄 친 부분들 중 틀린 곳을 한 군데 찾아 바르게 고쳐보세요.

① These ~~glass~~ are nice but <u>very</u> expensive. → __glasses__
이 유리잔들은 멋지지만 매우 비싸다.

② <u>That</u> girl next to the boys ~~are~~ pretty and kind. → __is__
소년들 옆에 있는 저 소녀는 예쁘고 친절하다.

③ Those hats in the closet <u>is</u> old and dirty. → __are__
옷장의 저 모자들은 낡고 더럽다.

④ A: These pants <u>are</u> short. → __another__
이 바지는 짧아요.
B: Oh, Ok. I will show you ~~it~~.
아, 그래요. 그럼 내가 또 다른 것을 보여주게요.

⑤ A: Are <u>these</u> your <u>books</u>? → __they aren't__
이것들은 당신 책인가요?
B: No, ~~it isn't~~.
아뇨, 그렇지 않아요.

▶ 풀이

복수형 지시 형용사 'These' 다음에 복수 명사가 와야 하므로 'glasses'라고 고쳐 써줘야 해요.

주어는 'girl'로 단수이기 때문에 동사는 'is'로 고쳐 써줘야 해요. 동사 바로 앞의 'boys'를 보고 동사를 'are'로 생각하지 않도록 주의해야 해요.

주어가 'hats'로 복수이므로, 동사는 'are'가 맞아요.

'it'은 '그것'을 뜻하는 지시 대명사로, 앞에 나온 명사를 대신할 때 쓰기 때문에 틀렸어요. '또 다른 것'을 뜻하는 말로 'another'를 써줘야 해요.

'these', 'books'는 모두 복수. 이에 알맞은 대답은 '그것들은 아니에요.'이므로 'they aren't'로 고쳐야 해요.

재귀 대명사요? '재귀'는 또 무슨 말이에요?

이렇게 공부해요 인칭 대명사에 대한 보충수업이에요. 천천히 소리 내어 읽어보면서 이해합니다.

"우리는 우리 자신을 가르친다." 이런 말을 어떻게 할까요? 'We teach us.'라고 하면 될까요? 이렇게 '주어'와 '목적어'가 똑같은 대상일 때는 그냥 대명사가 아니라 〈재귀 대명사〉라는 걸 쓰는데, 말이 좀 어렵죠?

〈재귀〉라는 말은 '원래 자리로 되돌아가다'라는 뜻이에요. '우리'와 '우리 자신'은 똑같은데, '우리'에서 '우리 자신'으로 되돌아갔으니까 〈재귀〉라는 말을 쓴 거예요. 이렇게 앞에 말했던 사람이나 사물을 다시 일컫는 〈재귀 대명사〉에는 아래와 같은 낱말들이 있어요.

인칭	재귀 대명사	
	단수형 (~ 자신)	복수형 (~들 자신)
1인칭	myself (나 자신)	ourselves (우리들 자신)
2인칭	yourself (너 자신)	yourselves (너희들 자신)
3인칭	himself (그 자신) herself (그녀 자신) itself (그것 자체)	themselves (그들 자신)

그럼 이제 '우리는 우리 자신을 가르친다.'를 어떻게 쓰는지 알겠죠? 네, 'We teach ourselves.'라고 쓰면 맞아요. 그런데 문장 안에서 재귀 대명사를 쓸 때, 재귀 대명사 자체가 목적어로 쓰이는 경우와 의미를 강조하기 위해 쓰이는 경우가 있어요. 다음 표를 보고 그 둘을 구분해보세요.

● 재귀 대명사를 생략할 수 있을 때와 없을 때

재귀 대명사가 '중심어'로 쓰일 때 ➜ 생략 불가	재귀 대명사가 '강조의 뜻'으로 쓰일 때 ➜ 생략 가능

· Tom teaches him.
(Tom이 그(다른 남자)를 가르친다.)
 	
· Tom teaches himself.
          ↘ 목적어(중심어)
(Tom이 그 자신을 가르친다.)
	· He drew the picture.
	(그는 그림을 그렸다.)
	
	· He himself drew the picture.
	       ↘ '직접 했음'을 강조(중심어 아님)
	(그는 그 그림을 자신이 직접 그렸다.)

15

형용사는 꾸며주기만 하는 거 아니에요?

15

형용사는 꾸며주기만 하는 거 아니에요?

📅 공부한 날. ᐯᐯᐯᐯᐯ 월 ᐯᐯᐯᐯᐯ 일 ᐯᐯᐯᐯᐯ 요일

이렇게 공부해요 소리 내어 읽어보며 이해합니다. 선생님이 읽어주는 녹음 파일을 들어보면 더 좋습니다.

'형용사'는 아래처럼 〈상태, 성질, 모양을 묘사〉하는 낱말이죠.

① The big red cup is mine. (그 크고 빨간 컵은 내 것이다.)

② We are happy. (우리는 행복하다.)

③ Sam made us happy. (Sam은 우리를 행복하게 만들었다.)

한 낱말이 문장에 들어갈 때 낱말마다 각자 역할이 있는데, '형용사'는 문장에서 두 가지 쓰임이 있다고 배웠어요. 첫째는 '명사를 수식'하는 〈수식어〉로 쓰일 수 있고, 둘째는 '주어'나 '목적어'의 상태를 보충 설명하는 〈보어〉로 쓰일 수 있어요.

①번의 'big, red'는 'cup'이라는 명사를 수식하는 경우이고, ②번의 'happy'는 'We'라는 주어의 상태를 보충 설명하고 있어요. ③번의 'happy'는 'us'라는 목적어의 상태를 보충 설명해주고 있어요.

이제 이 형용사 쓰임(역할)에 해당하는 '한자 용어'를 쓰려고 해요. 여러 번 얘기했듯이, 우리가 '한자 용어'를 쓰는 이유는 그런 용어들이 개념을 '한방에' 잘 전달해주기 때문이에요. 물론 익숙해지려면 시간이 좀 걸리긴 해요.

첫째, 형용사가 명사를 수식하는 경우를 〈한정적 용법〉이라고 불러요. 둘째, 주어나 목적어의 상태를 보충 설명하는 경우를 〈서술적 용법〉이라고 해요. 먼저 '용법'이란 말은 '쓰임'과 같은 말이고요, 〈한정적〉이란 말은 '제한해서 정한다'는 얘기예요.

형용사가 추가되면서 어떤 대상이 '제한되고 분명히 정해진다'는 말이에요. 결국 '한정한다'는 말은 '수식해준다'라는 말과 같은 뜻이에요. 한편, 〈서술적〉이란 말은 '풀어서 설명을 해준다'는 얘기예요. 이 두 가지 용어는 흔히 쓰이기 때문에 지금 확실히 알아두면 좋아요.

예 · That kind boy is David. ⇒ [한정적 용법]

· David is kind. ⇒ [서술적 용법]

· Mary is a kind lady. ⇒ [한정적 용법] ('kind'는 'lady'를 수식해줌.)

· The news made the old man angry.

(그 뉴스가 그 늙은 남자를 화나게 만들었다.)

⇒ 'old'는 'man'을 수식하는 [한정적 용법]

⇒ 'angry'는 목적어 'the old man'을 보충 설명하는 [서술적 용법]

놀이

▶ Action ① 형용사가 명사를 뒤에서 꾸며주는 경우

이렇게 공부해요 ✌ 소리 내어 읽으면서 이해합니다. ✌ 내용을 보면서 선생님이 가르치듯 쌤놀이를 합니다. ✌ 확인란에 체크!

이번 시간에는 형용사의 쓰임을 좀 더 살펴보도록 하겠어요.

바로 앞에서 배운 것처럼 '한정적 용법', '서술적 용법', 이런 용어들과

뒤의 <조금 더 알아봐요!>에서 배울 '어순 규칙'을

앞으로 문장 만들기에 잘 활용하면 좋겠어요.

<한정적 용법> 중에 형용사가 명사를 꾸며주는 모습을 하나 더 살펴보면요,

어떤 경우에는 형용사가 명사 '뒤'에서 명사를 수식해주게 돼요.

① 형용사가 두 개 이상이면서 접속사로 연결됐을 때 (※보통 양쪽에 쉼표를 찍음)

· The man, hungry and thirsty, walked slowly.

(배고프고 목마른 그 남자는 천천히 걸었다.)

· The boy, sad and gloomy, stayed in his room.

(슬프고 우울한 그 소년은 그의 방에 머물렀다.)

· The princess, cute and smart, loved the prince.

(귀엽고 영리한 그 공주는 그 왕자를 사랑했다.)

② 형용사 뒤에 수식 어구가 붙어 <말 덩어리>가 됐을 때

· The boy late for school ran fast. (학교에 늦은 그 소년은 빨리 달렸다.)

· The dog full of energy ran around the room.

(기운이 넘치는 그 개는 방 안을 뛰어다녔다.)

· He lived in a house too big for him. (그는 그에게는 너무 큰 집에 살았다.)

소리 내어 읽었나요? 1회 □ 2회 □ 쌤놀이를 했나요? Yes □ No □

쌤놀이

이렇게 공부해요 🐾 소리 내어 읽으면서 이해합니다. 🐾 내용을 보면서 선생님이 가르치듯 쌤놀이를 합니다. ✌️ 확인란에 체크!

그럼 이제 형용사의 <서술적 용법>을 살펴보겠어요.

형용사는 방금 본 것처럼 명사를 '꾸며 주기'만 하는 건 아니에요.

다음과 같이 '주어'와 '목적어'의 <상태를 보충 설명 해주기>도 해요.

- The girl is happy. (그 소녀는 행복하다.)
  　　<주어>　　<동사>　<보어>

  → 'happy'가 주어를 보충 설명하는 <2형식 문장>

- Her mom made the girl happy. (그녀의 엄마는 그 소녀를 행복하게 해줬다.)
  　<주어>　　<동사>　　<목적어>　　<보어>

  → 'happy'가 목적어를 보충 설명하는 <5형식 문장>

그럼 여기서 이런 질문을 한번 해볼게요.

'The girl is happy.'처럼 <Be동사>의 문장은 그 뜻이

'100% 그렇다'는 말이 돼요. 그러니까 '그 소녀가 행복하다.'는 말은

'그 소녀가 행복한게 100퍼센트 사실이다.'는 얘기가 돼요.

그런데 만약 '그 소녀가 (100% 그렇지는 않지만) 행복해 보인다.'

이 말은 도대체 어떻게 나타내면 될까요?

- The girl is happy. (그 소녀는 행복하다.) → = 100%

- The girl ? happy. (~ 행복해 보이다.) → < 100%

이런 경우 <Be동사>로는 '~해 보인다'는 뜻을 나타낼 수 없어요.

따라서 <Be동사>가 아닌 <일반동사>의 도움을 받는 수밖에 없어요.

☑
소리 내어 읽었나요? 1회 □ 2회 □ 쌤놀이를 했나요? Yes □ No □

▶ Action ③ 형용사가 '감각동사'와 쓰이는 경우

여기서 등장하는 것이 바로 '감각동사'라는 개념이에요.

- **감각동사** : 일반동사 중 <Be동사>처럼 '연결동사'로 쓸 수 있는 동사예요.

  주로 '감각'을 나타내기 때문에 '감각동사'라고 불러요.

  감각동사 다음에 오는 말은 주어의 '상태'를 보충 설명해주므로

  당연히 '형용사'를 써줘야 해요. '부사'를 쓰면 틀려요!

주어	+	감각동사	+	형용사
[주어]		[동사]		[보어] → <2형식 문장>

  → look(~처럼(~해) 보이다) / sound(~처럼(~로) 들리다) /

  smell(~한 냄새가 나다) / taste(~한 맛이 나다) / feel(~하게 느끼다)

- This hat <u>looks</u> nice. (이 모자는 멋져 보인다.)
- His voice <u>sounded</u> angry. (그의 목소리는 화난 것처럼 들렸다.)
- This flower <u>smells</u> good. (이 꽃은 좋은 냄새가 난다.)
- Lemons <u>taste</u> sour. (레몬은 신 맛이 난다.)
- Tom <u>feels</u> good now. (톰은 이제 좋게 느낀다 = 괜찮아졌다)

주의할 점은, 형용사가 오는 자리에 '부사'를 쓰면 틀리다는 거예요!

- This hat looks <u>nicely</u>. (X) ⇒ This hat looks <u>nice</u>. (O)
- His voice sounded <u>angrily</u>. (X) ⇒ His voice sounded <u>angry</u>. (O)

자, 이제 자세한 '형용사 쓰임'으로 우리 문장을 더 풍부히 만들어 봅시다~ 👨

소리 내어 읽었나요? 1회 ☐ 2회 ☐ 쌤놀이를 했나요? Yes ☐ No ☐

▲▲H 놀이 확인문제

이렇게공부해요

👆 쌤놀이 내용을 떠올리며 빈칸을 채워봅니다. ✌️ 쌤놀이 내용을 참고해도 됩니다. 🤟 답 확인 후 소리 내어 읽어보세요.

빈칸에 들어갈 알맞은 말을 써보세요.

1 〈상태, 성질, 모양을 묘사〉하는 낱말을 '형용사'라고 하죠.

이 '형용사'라는 말들은 문장 속에서 두 가지 일을 해요.

첫째, 명사를 앞 또는 뒤에서 더 자세히 꾸며줘요.

이를 형용사의 '① ☐☐ 적 용법'이라고 불러요.

둘째, 주어나 목적어의 상태를 설명해줘요.

이를 형용사의 '② ☐☐ 적 용법'이라고 불러요.

2 형용사가 '서술적 용법'으로 쓰인다는 말은 구체적으로,

2형식과 5형식에서 '① ☐☐ ' 자리를 맡는다는 얘기예요.

▶ 2형식 〈주어(명사) + Be동사 + 주격 보어(형용사)〉

⇒ 주격 보어가 ② ☐☐ 를 보충 설명해주고 있어요.

▶ 5형식 〈주어(명사) + 일반동사 + 목적어(명사) + 목적격 보어(형용사)〉

⇒ 목적격 보어가 ③ ☐☐☐ 를 보충 설명해주고 있어요.

3 2형식의 'Be동사'는 주어의 상태가 '100% 그렇다'는 얘기인데,

'~해 보인다'처럼 '100% 그런 건 아님'을 나타낼 때는

'일반동사'의 도움을 받아요. 이런 동사를 '① ☐☐ 동사'라고 불러요.

예 She <u>is</u> happy. (그녀는 행복하다.)

She <u>looks</u> happy. (그녀는 행복해 보인다.)

1. ① 한정 ② 서술 **2.** ① 보어 ② 주어 ③ 목적어 **3.** ① 감각

익힘
문제

이렇게 공부해요

문제를 풀 때 절대 페이지를 넘겨보지 마세요!(쌤놀이 해설이 있음)

100점 맞기 위해서가 아니라 뭘 모르는지 알기 위해 문제를 풀어보는 거랍니다.^^

A 문장 속의 밑줄 친 형용사가 하는 일을 구별해 상자 안에서 번호를 골라 쓰세요.

① 한정적 용법(명사 수식)　　② 서술적 용법(주어·목적어 설명)

① There were many <u>famous</u> actors.　　→ _____
(많은 유명한 배우들이 있었다.)

② This test is very <u>difficult</u>.　　→ _____
(이 시험은 매우 어렵다.)

③ The man, <u>hungry and thirsty</u>, walked slowly.　　→ _____
(그 배고프고 목마른 남자는 천천히 걸었다.)

④ Her mom made the girl <u>happy</u>.　　→ _____
(그녀의 엄마는 그 소녀를 행복하게 해줬다.)

⑤ The boy <u>late</u> for school ran fast.　　→ _____
(학교에 늦은 그 소년은 빨리 달렸다.)

⑥ The man's voice sounded <u>strange</u>.　　→ _____
(그 남자의 목소리는 이상하게 들렸다.)

⑦ Lemons and oranges taste <u>sour</u>.　　→ _____
(레몬과 오렌지는 신 맛이 난다.)

⑧ She thought the <u>tall</u> boy ugly.　　→ _____
(그녀는 그 키 큰 소년이 못 생겼다고 생각했다.)

B 다음 빈칸에 들어갈 수 있는 것을 <u>모두</u> 고르세요.

1 The soccer game made us _____.

① joyfully ② sad ③ happy ④ cheerful

2 The song sounded really _____.

① beautiful ② hardly ③ nicely ④ badly

3 This soup smells _____.

① quickly ② nice ③ good ④ usually

C 다음 예시처럼 밑줄 친 부분들 중 <u>틀린</u> 곳을 한 군데 찾아 바르게 고쳐보세요.

> That ~~happily~~ girl is <u>my</u> sister. → happy
> (저 행복한 소녀는 나의 언니이다.)

1 The workers <u>at</u> the store <u>were</u> very <u>kindly</u>. → _____

2 The <u>students</u> <u>thought</u> the test <u>difficultly</u>. → _____

3 The <u>new</u> <u>robot's</u> voice sounded <u>strangely</u>. → _____

4 The kid <u>next</u> to me <u>looked</u> <u>smartly</u>. → _____

익힘 문제풀이

이렇게 공부해요
✌ 정답과 풀이를 보며 채점을 합니다. ✌ 틀렸거나 헷갈리는 문제는 해설을 읽어보고 쌤놀이로 설명해봅니다. ✌ 모든 문제의 해설을 읽어보면 복습에 큰 도움이 됩니다.

▶ 풀이

1번의 'famous'는 명사 'actors'를 앞에서 꾸며주고 있으므로 답은 ①번 이에요.

'difficult'는 주어인 'test'를 보충 설명해주고 있으므로 답은 ②번이에요.

두 형용사가 접속사로 연결되어 명사 'man'을 뒤에서 꾸며주고 있어요. 그 래서 답은 ①번 '한정적 용법'이에요.

2차 주인공 'the girl'이 어떤 상태이 도록 해주는 5형식 문장이에요. 이때 'happy'는 목적어를 보충 설명해주는 목적격 보어이므로 답은 ②번이에요.

형용사 'late' 뒤에 수식어가 붙은 '말 덩어리'가 명사 'boy'를 뒤에서 꾸며 주고 있어요. 답은 ①번이에요.

형용사 'strange'가 감각동사 'sounded' 뒤에서 주어인 'voice'를 보충 설명해주고 있어요. 그래서 답은 ②번 '서술적 용법'이에요.

형용사 'sour'가 감각동사 'taste' 뒤에 서 주어인 'Lemons and oranges'를 보충 설명해주고 있어요. 그래서 답은 ②번 '서술적 용법'이에요.

형용사 'tall'이 명사 'boy'를 앞에서 꾸며주고 있어서 답은 ①번이에요.

A 문장 속의 밑줄 친 형용사가 하는 일을 구별해 상자 안에서 번호를 골라 쓰세요.

> ① 한정적 용법(명사 수식)   ② 서술적 용법(주어 · 목적어 설명)

① There were many <u>famous</u> actors.   → _____ ❶
(많은 유명한 배우들이 있었다.)

② This test is very <u>difficult</u>.   → _____ ❷
(이 시험은 매우 어렵다.)

③ The man, <u>hungry and thirsty</u>, walked slowly.   → _____ ❶
(그 배고프고 목마른 남자는 천천히 걸었다.)

④ Her mom made the girl <u>happy</u>.   → _____ ❷
(그녀의 엄마는 그 소녀를 행복하게 해줬다.)

⑤ The boy <u>late</u> for school ran fast.   → _____ ❶
(학교에 늦은 그 소년은 빨리 달렸다.)

⑥ The man's voice sounded <u>strange</u>.   → _____ ❷
(그 남자의 목소리는 이상하게 들렸다.)

⑦ Lemons and oranges taste <u>sour</u>.   → _____ ❷
(레몬과 오렌지는 신 맛이 난다.)

⑧ She thought the <u>tall</u> boy ugly.   → _____ ❶
(그녀는 그 키 큰 소년이 못 생겼다고 생각했다.)

B 다음 빈칸에 들어갈 수 있는 것을 <u>모두</u> 고르세요.

① The soccer game made us _____.
   ① joyfully   **❷ sad**   **❸ happy**   **❹ cheerful**

② The song sounded really _____.
   ❶ beautiful   ② hardly   ③ nicely   ④ badly

③ This soup smells _____.
   ① quickly   **❷ nice**   **❸ good**   ④ usually

▶ 풀이

'그 축구 경기가 우리를 어떤 상태가 되도록 만들었다.'는 5형식 문장으로 '목적격 보어' 자리에는 형용사가 와야 해요. 보기에서 형용사는 ②, ③, ④번이에요.

'그 노래가 어떠한 상태로 들린다.'는 뜻으로, 감각동사 'sounded' 뒤에 형용사가 와서 주어 'song'을 보충 설명해주는 형태가 돼야 해요. 따라서 답은 ①번 'beautiful' 밖에 없어요.

'이 스프는 어떠한 냄새가 난다.'는 뜻으로 감각동사 'smells' 뒤에 형용사가 와서 주어 'soup'을 보충 설명해주는 형태가 돼야 해요. 형용사로 ②번과 ③번이 답이에요.

C 다음 예시처럼 밑줄 친 부분들 중 틀린 곳을 한 군데 찾아 바르게 고쳐보세요.

① The workers <u>at</u> the store <u>were</u> very ~~kindly~~. → _____ kind
   그 가게의 직원들은 친절했다.

② The <u>students</u> <u>thought</u> the test ~~difficultly~~. → _____ difficult
   그 학생들은 그 시험이 어렵다고 생각했다.

③ The <u>new robot's</u> voice sounded ~~strangely~~. → _____ strange
   그 새 로봇의 목소리는 이상하게 들렸다.

④ The kid <u>next to me</u> <u>looked</u> ~~smartly~~. → _____ smart
   내 옆의 그 아이는 영리해 보였다.

▶ 풀이

'친절하다'는 뜻으로 주어 'workers'를 보충 설명하는 말은 형용사 'kind'가 돼야 맞아요.

목적어 'test'가 어떠한 상태라고 생각했는지를 나타내는 5형식 문장으로, 목적격 보어 자리에는 형용사가 필요한데 부사 'difficultly'가 있으므로, 형용사 'difficult'로 고쳐 써줘야 해요.

감각동사 'sounded' 뒤에서 주어 'voice'를 보충 설명해주는 말은 형용사가 돼야 하므로 'strange'로 고쳐야 해요.

감각동사 'looked' 뒤에서 주어 'kid'를 보충 설명해주는 말은 형용사가 돼야 하므로 'smart'로 고쳐야 해요.

형용사가 여러 개면 어떤 순서로 써야 해요?

이렇게공부해요 보충수업이에요. 알아두면 유용한 내용이니 천천히 소리 내어 읽어보면서 이해합니다.

다음 중 어떤 말이 맞는 말일까요?

① 저 많은 새 옷 　② 많은 새 저 옷

답은 ①번이에요. 입으로 말을 해보면 ②번은 어색해요. 이렇게 형용사가 여러 개 겹쳐져서 명사를 꾸며줄 때는 형용사가 나열되는 순서가 있어요. 우리가 우리말을 할 때는 이 순서에 대한 고민 없이 자연스럽게 말이 나와요. 왜냐하면 우리가 수없이 듣고 말을 해봤기 때문이에요. 영어도 우리가 아기 때부터 말을 배웠으면 이런 게 자연스럽겠죠. 하지만 대부분은 그렇지 못해서 이런 순서에 대한 규칙을 따로 배울 필요가 있어요. 형용사와 관련된 '어순 규칙' 두 가지를 살펴보겠어요.

● 형용사 사이의 어순 : 형용사를 연달아 쓸 때의 순서

①	②	③	④	⑤	⑥	⑦
수량	대소	모양	성질/상태	신/구	색깔	재질
two many	big small	round square	cute pretty	old new	red blue	plastic wooden

- We have <u>two big old wooden</u> tables. (우리는 두 개의 크고 낡은 나무 탁자를 가지고 있다.)
- We saw <u>many small red</u> fish. (우리는 많은 작고 빨간 물고기를 봤다.)

● 명사를 수식하는 말들의 어순 : 이때 아래 표 ①번의 〈관사, 지시형용사, 소유격〉은 같이 쓰이지 않고 하나만 써줘야 해요.

①	②	③	④
관사 / 지시형용사 / 소유격	부사	형용사	명사

- This is <u>a very good</u> book. (이것은 하나의 매우 좋은 책이다.)
- The man sold <u>this very large</u> diamond. (그 남자는 이 매우 큰 다이아몬드를 팔았다.)
- I found <u>my really old</u> toy in the attic. (나는 다락에서 나의 정말 오래된 장난감을 찾았다.)

위와 같은 어순 규칙을 외워서 말을 하려면 좀 힘들겠죠. 이런 경우는 영어 책이나 영화 등을 통해 형용사들이 실제 어떻게 쓰이는지 경험을 많이 해보는 게 좋답니다.

16
부사는 오지랖이 참 넓다고요?

16
부사는 오지랖이 참 넓다고요?

📅 공부한 날. ﹏﹏ 월 ﹏﹏ 일 ﹏﹏ 요일

이렇게 공부해요 소리 내어 읽어보며 이해합니다. 선생님이 읽어주는 녹음 파일을 들어보면 더 좋습니다.

영어 문법 공부를 하면서 몇 번 '고비'의 순간이 있어요. '고비'란 중요하면서도 힘든 순간인데, 이 고비를 잘 넘어가면 실력이 부쩍 늘고 더 큰 고비를 이겨낼 힘을 얻게 돼요. 그 고비 중 하나가 '부사 개념'을 확실히 깨닫는 거예요. 형용사와 비교되는 부사의 특징과 성질을 분명히 이해해야 돼요. 그래야 나중에 문장이 '확장'될 때 헤매지 않아요.

형용사와 부사는 똑같이 '수식(꾸며줌)'하는 역할을 하지만, 수식하는 '대상'과 그 '위치'가 달라요.

	형용사의 수식	부사의 수식
수식하는 대상	명사	동사, 형용사, 부사
수식하는 위치	명사의 바로 앞 또는 뒤	− 동사의 바로 앞 또는 뒤 − 형용사/부사 앞 − 문장 맨 앞 또는 맨 뒤

부사는 '옆에 붙어서 뜻이 분명해지도록 돕는 말'인데, 다음과 같은 질문에

답을 해줄 수 있는 낱말들이에요.

부사의 역할(쓰임)	① 동사의 동작이 어떻게 일어나는가? ② 동사의 동작이 언제, 어디서, 얼마나 자주 일어나는가? ③ 형용사, 부사의 상태가 얼마 정도인가? ④ 문장 전체의 분위기가 어떻게 되는가?

또 이 4가지 쓰임에 따라 부사를 어디에 써주는지 다음과 같은 4가지 경

우가 있어요.

부사의 위치(자리)	① 동사의 앞 또는 뒤에 써서 동사를 수식함. ② 형용사, 부사의 바로 앞에 써서 형용사, 부사를 수식함. ③ 문장 맨 앞에 써서 문장 전체를 수식함. ④ 〈빈도부사〉는 조동사와 Be동사 뒤, 일반동사 앞에 써줌.

이렇게 부사가 수식하는 대상과 위치를 본문에서 예문과 함께 알아보고,

'빈도부사'에 대해서도 더 자세히 살펴보도록 해요~ 화이팅! 👨

▶ Action ① 동사의 동작을 수식하는 부사

이렇게 공부해요 ✌ 소리 내어 읽으면서 이해합니다. ✌ 내용을 보면서 선생님이 가르치듯 쌤놀이를 합니다. ✌ 확인란에 체크!

부사를 사람에 비유하면 어떻게 표현할 수 있을까요?

첫째, 부사는 오지랖이 참 넓어요. 온갖 군데 다 참견을 해요.

둘째, 부사는 자유로운 영혼이에요. 여기저기 안 가는 데가 없어요.

이번 시간에는 이런 부사의 성질을 좀 더 자세히 살펴보겠어요.

부사는 문장 성분 중에서 '수식어'에 속해요.

(※문장 성분 : 주어, 동사, 목적어, 보어, 수식어)

문장의 '뼈대'를 만드는 필수 요소에 속하지 않아 자유스런 면이 있죠.

동사를 돕는 조동사처럼, <동사/형용사/다른 부사>를 곁에서 도와줘요.

이렇게 여러 '아이들'을 돕다보니까 온갖 군데 다 참견을 해요.

첫째, 동사의 동작이 '어떻게' 일어났는지 더 자세히 말해줘요.

예 • Grandma cooks quietly.

　　(할머니는 조용히 요리한다.)

　• Annie ate her breakfast slowly.

　　(Annie는 그녀의 아침을 천천히 먹었다.)

→ 부사는 동사 뒤에 또는
　문장 맨 끝에 주로 와요.

둘째, 동사의 동작이 '언제, 어디서, 얼마나 자주' 일어났는지 말해줘요.

예 • Billy played outside today.

　　(Billy는 오늘 밖에서 놀았다.)

　• Billy always plays outside.

　　(Billy는 항상 밖에서 논다.)

→ 부사는 연달아 올 수 있어요.

→ 빈도부사의 위치는 뒤에
　더 자세히 나와요.

소리 내어 읽었나요? 1회 ☐ 2회 ☐ 쌤놀이를 했나요? Yes ☐ No ☐

▶ Action ② 형용사, 다른 부사, 문장 전체를 수식하는 부사

부사는 이렇게 오지랖이 넓어서 동작이 '어떻게' 일어나고,

또 '언제, 어디서, 얼마나 자주' 일어나는지 다 참견한 다음에,

셋째, 형용사나 다른 부사가 '얼마 정도나 그런지'도 챙긴답니다.

예 · Annie's puppy was very cute.

  (Annie의 강아지는 매우 귀여웠다.)

· The snail moved too slowly.

  (그 달팽이는 너무 느리게 움직였다.)

→ 형용사나 다른 부사를 수식할 땐
  바로 앞에서 꾸며줘요.

마지막으로 넷째, '문장 전체를 수식'하며 분위기를 잡는데도 끼어들어요.

예 · Luckily, I didn't miss the bus.

  (다행히, 나는 버스를 놓치지 않았다.)

· The princess was sick, sadly.

  (그 공주는 아팠다, 슬프게도.)

→ 문장 전체를 수식할 땐 문장의
  맨 앞이나 맨 끝에 와요.

그럼 이제 <빈도부사>라는 걸 한번 살펴보기로 해요.

'빈도'란 말은 '횟수'를 말하는데, 어떤 일이 얼마나 자주 일어나는지

그 횟수를 나타내는 부사를 '빈도부사'라고 해요.

대표적인 빈도부사는 다음과 같아요. (※빈도 높은 순 → 낮은 순)

always > usually > often > sometimes > hardly > never

(항상)　　　(대개/보통)　　(종종)　　　(가끔)　　　(거의 ~않다)　(결코 ~않다)

☑ 소리 내어 읽었나요? 1회 □ 2회 □ 쌤놀이를 했나요? Yes □ No □

▶Action ③ '빈도부사', 형용사와 형태가 같은 부사

이렇게 공부해요 👆소리 내어 읽으면서 이해합니다. ✌내용을 보면서 선생님이 가르치듯 쌤놀이를 합니다. 👌확인란에 체크!

'빈도부사'는 다른 부사와 다르게 자기 위치가 있어요.

Be동사 뒤 조동사 뒤	• She **is** sometimes lonely. (그녀는 가끔 외롭다.) • Billy **will** always love Sally. (Billy는 Sally를 항상 사랑할 것이다.) • He **doesn't** usually get up late. (그는 보통 늦게 일어나지 않는다.)
일반동사 앞	• He often **takes** a walk after dinner. (저녁식사 후 그는 종종 산책을 한다.) • They hardly **skip** breakfast. (그들은 거의 아침을 거르지 않는다.) • She never **tells** a lie. (그녀는 결코 거짓말하지 않는다.)

sometimes는 문장 맨 <u>앞</u>이나 맨 <u>끝</u>에 올 수도 있어요.

예 **Sometimes** it snows in March. (가끔 3월에 눈이 온다.)

'hardly, seldom, rarely (거의 ~않다)'는 이미 부정을 나타내는 말이므로 부정문에서는 이런 부사를 쓰지 않아요.

예 They <u>doesn't seldom</u> fight. (X) → They <u>seldom</u> fight. (O)

　(그들은 거의 싸우지 않는다.)

끝으로, '부사가 형용사와 형태가 같은 경우'도 있는 것 하나 알아둡시다.

예　• I want a **fast** <u>horse</u>.　　　　　　→ 명사 앞에서 명사를 수식하므로
　　　(나는 빠른 말을 원한다.)　　　　　　　형용사예요.

　　• That horse <u>runs</u> really **fast**.　　→ 말이 '어떻게' 달리는지 꾸며주고
　　　(저 말은 정말 빨리 달린다.)　　　　　　있으므로 이때는 부사가 돼요.

• early 형이른 / 부일찍　• late 형늦은 / 부늦게　• hard 형어려운 / 부열심히

오늘은 부사의 다양한 기능을 잘 살펴봤어요. 마지막 '전치사'까지 잘 익혀봅시다!

소리 내어 읽었나요? 1회□ 2회□ 쌤놀이를 했나요? Yes□ No□

▲▲H 놀이 확인문제

✔

🖐 쌤놀이 내용을 떠올리며 빈칸을 채워봅니다. ✌ 쌤놀이 내용을 참고해도 됩니다. ✌ 답 확인 후 소리 내어 읽어보세요.

이렇게공부해요

빈칸에 들어갈 알맞은 말을 써보세요.

1 부사라는 낱말은 문장 성분 중에서 ① ☐☐☐ 에 속해요.

부사가 하는 일은 ② ☐☐ , 형용사, 다른 ③ ☐☐ 를

더 자세히 꾸며주는 역할을 해요.

2 부사가 동사를 꾸며주는 경우는 다음 두 가지가 있어요.

첫째, 동사의 동작이 ① ☐☐☐ 일어났는지 더 자세히 말해줘요.

→ Grandma cooks quietly. (할머니는 <u>조용히</u> 요리한다.)

둘째, 동사의 동작이 '언제, 어디서, 얼마나 ② ☐☐ ' 일어났는지 말해줘요.

→ Billy always plays outside. (Billy는 <u>항상</u> <u>밖에서</u> 논다.)

3 부사는 형용사나 다른 부사가 얼마 ① ☐☐ 나 그런지 말해줘요.

→ The snail moved too slowly. (달팽이는 <u>너무</u> <u>느리게</u> 움직인다.)

또 문장 ② ☐☐ 를 수식하며 분위기를 잡는데도 쓰여요.

→ Luckily, I didn't miss the bus. (<u>다행히</u>, 나는 버스를 놓치지 않았다.)

4 '빈도부사'는 어떤 일이 얼마나 자주 일어나는지를 나타내요.

빈도부사는 문장에서 Be동사, 조동사의 ① ☐ , 일반동사의 ② ☐ 에 쓰여요.

• She is <u>sometimes</u> lonely. / He <u>often</u> takes a walk after dinner.

1. ① 수식어 ② 동사 ③ 부사 2. ① 어떻게 ② 자주 3. ① 정도 ② 전체 4. ① 뒤 ② 앞

16. 부사는 오지랖이 참 넓다고요?   213

이렇게공부해요

문제를 풀 때 절대 페이지를 넘겨보지 마세요!(쌤놀이 해설이 있음)

100점 맞기 위해서가 아니라 뭘 모르는지 알기 위해 문제를 풀어보는 거랍니다.^^

A 문장 속의 <u>밑줄 친</u> 부사가 하는 일을 다음 상자 안에서 골라 번호를 쓰세요.

> ① 동사의 동작이 어떻게 일어나는지 더 자세히 말해줌.
> ② 동작이 언제, 어디서, 얼마나 자주 일어나는지 말해줌.
> ③ 형용사, 부사의 상태가 얼마 정도인지 말해줌.
> ④ 문장 전체의 분위기가 어떤지 더 자세히 말해줌.

❶ Jack ate his lunch <u>quickly</u>. → _____

(Jack은 점심을 빨리 먹었다.)

❷ Billy <u>usually</u> plays soccer on weekends. → _____

(Billy는 보통 주말마다 축구를 한다.)

❸ <u>Luckily</u>, he found the key under the bed. → _____

(다행히, 그는 그 열쇠를 침대 아래에서 찾았다.)

❹ Ms. Dee is <u>very</u> kind and gentle. → _____

(Ms. Dee는 매우 친절하고 다정하다.)

❺ Nancy is playing <u>inside today</u>. → _____

(Nancy는 오늘 (안에서) 놀고 있다.)

❻ Don't speak <u>loudly</u> in the library. → _____

(도서관에서 큰소리로 말하지 마라.)

❼ <u>Suddenly</u>, a dog barked behind the man. → _____

(갑자기 개 한 마리가 그 남자 뒤에서 짖었다.)

B 올바른 문장이 되도록 괄호에서 알맞은 말을 골라 동그라미 표시하세요.

1 My parents are (high / very) busy in the morning.

2 I am (usual / usually) at home after dinner.

3 You should speak (quiet / quietly) in the museum.

4 (Happy / Happily), the cat and dog were safe after the storm.

5 Drivers must drive (careful / carefully) on the highway.

6 The foreigner spoke Korean very (well / good).

7 They studied (hard / hardly) in the library before the test.

C 다음 예시처럼 밑줄 친 부분들 중 틀린 곳을 한 군데 찾아 바르게 고쳐보세요.

> William speaks Chinese very ~~good~~. → well
> (William은 중국어를 매우 잘 말한다.)

1 Danny <u>eats often</u> two <u>pieces</u> of <u>pizza</u> for lunch. → _____

2 <u>Sad</u>, the boy <u>has lost</u> <u>his</u> smartphone. → _____

3 <u>His</u> dogs <u>don't seldom</u> <u>chase</u> <u>our</u> cat. → _____

4 We <u>always will</u> <u>remember</u> her <u>gentle</u> voice. → _____

5 The test was <u>really</u> <u>hardly</u>, but I passed <u>it</u>. → _____

익힘 문제풀이

이렇게 공부해요

👆 정답과 풀이를 보며 채점을 합니다. ✌️ 틀렸거나 헷갈리는 문제는 해설을 읽어보고 쌤놀이로 설명해봅니다. 🤟 모든 분제의 해설을 읽어보면 복습에 근 도움이 됩니다.

▶️ 풀이

1번은 Jack이 그의 점심을 어떻게 (①) 먹는지 quickly(빨리)가 더 자세히 말해주고 있어요.

'usually'는 '대개/보통'의 뜻으로 축구를 얼마나 자주하는지(②) 횟수를 나타내요.

'다행히'라는 뜻으로 문장 전체의 분위기가 어떤지(④) 말해주고 있어요.

형용사 'kind, gentle'을 꾸며주며 얼마나 그런지(③) 나타내줘요.

노는 동작을 어디에서, 언제 하고 있는지(②) 말해주고 있어요.

'시끄럽게 말하다'로 말하는 동작을 어떻게 하는지(①) 나타내줘요.

개가 짖은 일이 '갑자기' 일어났음을 보여주며, 문장 전체 분위기가 어떤지(④) 더 자세히 말해주고 있어요.

A 문장 속의 밑줄 친 부사가 하는 일을 다음 상자 안에서 골라 번호를 쓰세요.

> ① 동사의 동작이 어떻게 일어나는지 더 자세히 말해줌.
> ② 동작이 언제, 어디서, 얼마나 자주 일어나는지 말해줌.
> ③ 형용사, 부사의 상태가 얼마 정도인지 말해줌.
> ④ 문장 전체의 분위기가 어떤지 더 자세히 말해줌.

① Jack ate his lunch <u>quickly</u>. → **①**
(Jack은 점심을 빨리 먹었다.)

② Billy <u>usually</u> plays soccer on weekends. → **②**
(Billy는 보통 주말마다 축구를 한다.)

③ <u>Luckily</u>, he found the key under the bed. → **④**
(다행히, 그는 그 열쇠를 침대 아래에서 찾았다.)

④ Ms. Dee is <u>very</u> kind and gentle. → **③**
(Ms. Dee는 매우 친절하고 다정하다.)

⑤ Nancy is playing <u>inside</u> today. → **②**
(Nancy는 오늘 (안에서) 놀고 있다.)

⑥ Don't speak <u>loudly</u> in the library. → **①**
(도서관에서 큰소리로 말하지 마라.)

⑦ <u>Suddenly</u>, a dog barked behind the man. → **④**
(갑자기 개 한 마리가 그 남자 뒤에서 짖었다.)

▶️ 풀이

'매우'라는 뜻으로 형용사 'busy'를 앞에서 꾸며줄 수 있는 말은 'very'예요.

'대개/보통'을 나타내는 말은 빈도 부사 'usually'를 써줘야 해요.

B 올바른 문장이 되도록 괄호에서 알맞은 말을 골라 동그라미 표시하세요.

① My parents are (high /(very)) busy in the morning.
나의 부모님은 아침에 매우 바쁘다.

② I am (usual /(usually)) at home after dinner.
나는 저녁식사 후에 보통 집에 있다.

③ You should speak (quiet / (quietly)) in the museum.
너는 박물관에서 조용히 말해야 한다.

'조용히 말하다'는 뜻으로 동작이 어떻게 일어나는지 나타내는 말은 부사 'quietly'예요.

④ (Happy / (Happily)), the cat and dog were safe after the storm.
다행히, 그 고양이와 개는 폭풍 뒤에도 안전했다.

문장 전체 분위기를 전해주는 말은 부사 'Happily(다행히, 행복하게)'를 써야 해요.

⑤ Drivers must drive (careful / (carefully)) on the highway.
운전자들은 고속도로에서 조심스럽게 운전해야 한다.

운전하는 동작을 어떻게 하는지를 표현하는 말은 부사 'carefully'예요.

⑥ The foreigner spoke Korean very ((well) / good).
그 외국인은 한국어를 매우 잘했다.

'한국어를 매우 잘 말한다'로 '잘'에 해당하는 말은 부사 'well'이 돼요.

⑦ They studied ((hard) / hardly) in the library before the test.
그들은 시험 전에 도서관에서 열심히 공부했다.

'열심히 공부하다'를 표현할 때, '열심히'를 뜻하는 말은 부사로 쓰이는 'hard'예요. 부사 'hardly'는 '거의 ~않다'는 뜻으로 쓰여요.

▶️ 풀이

C 다음 예시처럼 밑줄 친 부분들 중 틀린 곳을 한 군데 찾아 바르게 고쳐보세요.

① Danny ~~eats often~~ two pieces of pizza for lunch. → ___often eats___
Danny는 점심으로 종종 피자 두 조각을 먹는다.

'often(종종)'은 빈도부사로 일반동사 'eats' 앞에 써야 해요.

② ~~Sad~~, the boy has lost his smartphone. → ___Sadly___
슬프게도, 그 소년은 그의 스마트폰을 잃어버렸다.

문장 전체 분위기를 나타내는 말은 부사 'Sadly'로 써줘야 해요.

③ His dogs ~~don't seldom chase~~ our cat. → ___seldom chase___
그의 개들은 우리 고양이를 거의 뒤쫓지 않는다.

'seldom'은 '거의 ~않다'는 부정의 뜻을 이미 포함하고 있기 때문에 don't를 쓸 필요가 없어요.

④ We ~~always will~~ remember her gentle voice. → ___will always___
우리는 그녀의 다정한 목소리를 항상 기억할 것이다.

'always(항상)'는 빈도부사로 조동사 'will' 뒤에 써야 해요.

⑤ The test was really ~~hardly~~, but I passed it. → ___hard___
그 시험은 정말 어려웠지만, 나는 시험을 통과했다.

'어려운'을 뜻하는 말은 형용사 'hard'이므로, 'hardly'를 'hard'로 고쳐 써줘야 해요. 'hardly'는 '거의 ~않다'는 뜻의 부사예요.

'-ly'로 끝났는데 부사가 아니에요?

이렇게공부해요 보충수업이에요. 부사의 특징을 정리한 내용이니 천천히 소리 내어 읽어보면서 이해합니다.

우리가 부사의 쓰임을 잘 이해하면서, 동시에 부사 단어도 가능한 많이 알고 있어야 해요. 〈쓰임〉은 '총'과 같고, 〈단어〉는 '총알'과 같아요. 둘 다 있어야만 문법이란 '전투'에서 잘 싸워 이길 수 있답니다. 그 래서 우선 부사 낱말들을 부사의 쓰임에 따라 한번 정리하고 넘어가죠.

● 부사의 종류

어떻게	quickly, slowly, happily, sadly, quietly, kindly, … 빨리　천천히　행복하게　슬프게　조용하게 친절하게
언제	soon, now, today, then, still, … 곧　지금　오늘　그때　아직
어디서	outside, inside, upstairs, here, there, … 밖에　안에　위층에　여기에　거기에
정도 /이유	very, really, always, often, usually, sometimes, 매우 정말로 항상　종종　대개/보통 가끔 seldom,　never,　　too,　quite,　almost, … 좀처럼~않다 결코~않다　너무　꽤/매우　거의

● '-ly'로 끝나지만 <u>형용사인</u> 낱말들

'-ly'로 끝나면 대부분 부사지만, 모두 그런 건 아니에요. 아래와 같이 '형용사'인 단어도 제법 있으니까 헷갈리지 않도록 주의합시다.

-ly로 끝나는 형용사	friendly(친근한), lovely(사랑스러운), timely(때를 맞춘), fatherly(아버지 같은), cowardly(겁 많은), lonely(외로운), lively(활기찬), deadly(치명적인), orderly(정돈된)

예· Mr. Baker is a warm and <u>friendly</u> person. (Baker씨는 따뜻하고 친절한 사람이다.)

· Belle was a <u>lonely</u> but <u>lovely</u> girl. (Belle은 외롭지만 사랑스러운 소녀였다.)

MH 놀이
▶ 개념 영문법

17

전치사도 목적어를
가진다고요?

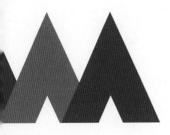

17
전치사도 목적어를 가진다고요?

📅 공부한 날. ～～～～ 월 ～～～～ 일 ～～～～ 요일

이렇게 공부해요 소리 내어 읽어보며 이해합니다. 선생님이 읽어주는 녹음 파일을 들어보면 더 좋습니다.

자, 이제 2권의 마지막 시간이 다가왔네요. 이번 시간에는 '전치사'라는 품사를 더 자세히 살펴보려고 해요. '전치사(前置詞)'라는 말은 '앞에 놓이는 말'이란 뜻이죠. 무엇 앞에 놓이는 말인지, 또 어떻게 쓰는 말인지 한번 살펴볼게요.

예를 들어, '행복한 원숭이'는 'a happy monkey'이죠. 그럼 '나무 위의 원숭이'는 영어로 어떻게 쓸까요? 네, 'a monkey on the tree' 이렇게 써요. 'on'이 '위의'란 뜻의 〈전치사〉예요. 명사 'tree' 앞에 놓여서 'a monkey'를 수식하는 형태가 돼요. 그런데 써놓은 형태를 보면 'on'이 이 두 명사의 '중간'에 있잖아요. 두 낱말 중간에 있는 것 같은데 왜 '앞에 놓이는 말'이라고 했

을까요? 왼쪽의 그림을 잠깐 보세요.

팻말이 돌아갈 때마다 무비 카메라가 보여주는 화면은 다음 그림과 같아요.

a cat on the table / a cat under the table / a cat by the table

우리 눈에는 그냥 단어들이 나열된 것으로 보이지만, 위 글들은 원어민에게는 아래와 같은 덩어리로 보여요.

a cat │ on the table / a cat │ under the table / a cat │ by the table

그러니까 '전치사'가 두 명사 'cat'과 'table'의 중간에 낀 게 아니에요! 전치사 'on/under/by'는 바로 뒤에 오는 명사 덩어리 'the table'과 또 덩어리를 만들어 〈전치사구〉라는 걸 이루게 돼요. (※구(詞): 말 덩어리)

따라서, '전치사'를 보다 정확하게 설명하자면 다음과 같아요.

> 전치사란? 명사(구) 앞에 위치하여 '전치사구'를 이루는 말인데,
> 이 '전치사구'는 장소(위치), 때(시간), 방향 등의 정보를 나타내요.

자, 그러면 2권의 마지막 쌤놀이를 한번 힘차게 시작해볼까요? 화이팅~!

이렇게 공부해요   ✌ 소리 내어 읽으면서 이해합니다.   ✌ 내용을 보면서 선생님이 가르치듯 쌤놀이를 합니다.   ✌ 확인란에 체크!

전치사는 바로 뒤에 나오는 명사 또는 명사 덩어리와 함께

<전치사구>를 이루어 '장소, 시간, 방향' 등의 정보를 나타내줘요.

어? '부사'라는 말이 '장소, 시간' 같은 걸 나타내는 거 아니에요?

맞아요. 아래 낱말과 같은 부사도 '장소, 시간' 등을 나타내요.

• 장소 부사 : outside(밖에), inside(안에), here(여기에), there(거기에) 등

• 시간 부사 : now(지금), then(그때), soon(곧), late(늦게) 등

'전치사'는 말 덩어리를 이뤄 형용사처럼도 쓰이고, 또 부사처럼도 쓰여요.

• The monkey on the tree was happy. (나무 위의 그 원숭이는 행복했다.)

    → 'on the tree'는 명사 'monkey'를 뒤에서 꾸며주며 형용사처럼 쓰이고 있어요.

• Josh ate a banana in the morning. (Josh는 아침에 바나나 하나를 먹었다.)

    → 'in the morning'은 '언제' 먹었는지 동사를 꾸며주며 부사처럼 쓰이고 있어요.

<전치사구 = 전치사 + 명사(구)>라는 말을,

전치사 '바로 뒤에 항상 명사'가 온다고 오해하면 안돼요.

'to school (학교로)'처럼 전치사 뒤 바로 명사가 올 때도 있지만 대부분의 경우

전치사 뒤 명사는 <관사+(형용사)+명사>로 덩어리를 이루고 있어요.

이때 중심어가 '명사'라서 '명사구'라고 부르는 거예요.

|The cat| |on the big wooden table| was sleeping quietly.

↳ [전치사 + <관사 + 형용사 + 명사 = 명사구> = 전치사구]

(큰 나무 탁자 위의 그 고양이는 조용히 잠자고 있었다.)

소리 내어 읽었나요? 1회 ☐ 2회 ☐ 쌤놀이를 했나요? Yes ☐ No ☐

이렇게공부해요 ✌소리 내어 읽으면서 이해합니다. ✌내용을 보면서 선생님이 가르치듯 쌤놀이를 합니다. ✌확인란에 체크!

이제 '전치사의 목적어'란 개념을 배워보겠어요.

먼저 아래 두 문장을 한번 볼까요?

• Ted has many friends. (Ted는 많은 친구들이 있다.)

Ted usually plays with his friends. (Ted는 보통 그의 친구들과 함께 논다.)

두 번째 문장에서 전치사 'with' 뒤의 'his friends'를 대명사로 바꿀 수 있어요.

<그의 친구들과 함께> → <그들과 함께>, 이렇게요.

그럼 이때 '그들'이라는 '대명사'로 주격 대명사 'they'를 쓰면 어떨까요?

→ Ted usually plays with they. (X)

네, 'they'를 쓰면 틀려요. 이렇게 써줘야 해요.

→ Ted usually plays with them. (O) → 전치사 뒤에는 '목적격 대명사'를 써요.

'목적어'란 말은 절대 '목적'을 나타내는 말이 아니라고 배웠어요.

동사 뒤(= 동사의 오른쪽)에 오면서 '동사의 동작을 받는 대상(사람 또는 물건)'을

영어로 'Object', 우리말로는 '목적어'라고 불렀어요.

> 목적어(目的語) : 目(눈 목) 的(과녁/목표 적) 語(말 어)
>   ⇒ '눈이 목표로 삼아 쳐다보는 대상(사람 또는 물건)'을 가리키는 말

이제 '동사'만이 아니라 '전치사'도 뒤에 전치사의 '대상'을 가진다고 말해요.

비로 이 '전치사의 대상'을 <전치사의 목적어>라고 부르는 거예요.

이렇게 공부해요 ✌ 소리 내어 읽으면서 이해합니다. ✌ 내용을 보면서 선생님이 가르치듯 쌤놀이를 합니다. ✌ 확인란에 체크!

정리를 해보면, <전치사구 = 전치사 + 명사(구)/대명사>에서

이 '명사(구)/대명사'는 전치사의 목적어가 되고, 그래서 '목적격'을 써줘야 해요.

명사는 주격과 목적격 형태가 같지만, 대명사는 격에 따라 형태가 달라서

알맞은 대명사의 '목적격 형태'를 써줘야 해요.

• Cathy loves her baby brother. (Cathy는 그녀의 어린 남동생을 사랑한다.)

  She always looks after him. (그녀는 항상 그를 돌봐준다.)

끝으로, '전치사 배우기의 핵심'에 관해 얘기를 해보겠어요.

전치사 공부는 마치 '영어 단어 외우기'와 비슷해요.

왜 그런지 개념이나 논리로 설명할 수 있는 부분이 아니에요.

낱말의 뜻을 '지식'으로서 그냥 받아들이고 기억해둬야 해요.

뜻이 비슷한 단어들도 있고, 한 단어의 뜻이 여러 개인 경우도 있어요.

그래서 전치사를 한 번 만에, 쉽고 빠르게 정복할 수는 없어요.

결론은, 한 번 봤다고 공부가 끝나는 게 아니라는 얘기예요.

한번 개념을 깨우치면 끝인 부분도 있지만, 완전히 자기 것이 될 때까지

몇 번씩 반복해야할 부분도 있다는 거 잊지 마세요!

그동안 여러분 정말 수고 많았어요. 쌤놀이로 '문법 실력'이 쑥쑥 자랐기를

바라고요, 3권에서 또 반갑게 만나기로 해요! 😎

소리 내어 읽었나요? 1회 □ 2회 □ 쌤놀이를 했나요? Yes □ No □

✓ 놀이 확인문제

✌ 쌤놀이 내용을 떠올리며 빈칸을 채워봅니다. ✌ 쌤놀이 내용을 참고해도 됩니다. ✌ 답 확인 후 소리 내어 읽어보세요.

빈칸에 들어갈 알맞은 말을 써보세요.

1 '전치사'란 명사(구) 앞에 위치하여 ① ☐☐☐☐ 를 이루는 말이에요.

예를 들어, 'a cat on the table'로 낱말들이 나열되어 있을 때,

이 낱말들은 아래처럼 두 개의 큰 '말 ② ☐☐☐ '로 구분이 돼요.

→ a cat on the table ⇒ a cat   on the table

이렇게 문장 속에서 '전치사구'를 한 덩어리로 볼 수 있어야 해요.

2 '전치사구' 말 덩어리는 문장 속에서 두 가지 일을 해요.

첫째, ① ☐☐☐ 처럼 명사를 수식해요. (명사 ② ☐ 에서 수식!)

→ The monkey on the tree was happy.

(나무 위의 그 원숭이는 행복했다.)

둘째, ③ ☐☐ 처럼 '언제, 어디서'를 말해주며 동사를 꾸며줘요.

→ Josh ate a banana in the morning.

(Josh는 아침에 바나나 하나를 먹었다.)

3 동사가 뒤에 동작을 받는 '대상'으로 '목적어'를 가지듯,

전치사도 뒤에 전치사의 '대상'을 가진다고 말해요.

이 '전치사의 대상'을 〈전치사의 ① ☐☐☐ 〉라고 불러요.

목적어이므로 전치사 뒤에는 ② ☐☐☐ 대명사를 써줘야 해요.

→ Cathy loves her baby brother. She always looks after him.

(Cathy는 그녀의 어린 남동생을 사랑한다. 그녀는 항상 그를 돌봐준다.)

익힘 문제

이렇게 공부해요

문제를 풀 때 절대 페이지를 넘겨보지 마세요!(쌤놀이 해설이 있음)

100점 맞기 위해서가 아니라 뭘 모르는지 알기 위해 문제를 풀어보는 거랍니다.^^

A 다음 예시처럼 문장 속에서 <u>전치사구</u>를 모두 찾아 동그라미 표시하세요.

The flowers (in the vase) were really beautiful.

(꽃병의 그 꽃들은 정말로 아름다웠다.)

① The boys were running along the road.

(그 소년들은 길을 따라 달리고 있었다.)

② The man with a strange hat bought a few apples.

(이상한 모자를 쓴 그 남자는 사과 몇 개를 샀다.)

③ Tom and Jed go fishing on Saturdays.

(Tom과 Jed는 토요일마다 낚시를 간다.)

④ Mrs. Wilson in the classroom was reading the kids a story.

(교실에 있는 Wilson 선생님이 아이들에게 이야기를 하나 읽어주고 있었다.)

⑤ Paul has lived in London for ten years.

(Paul은 런던에 십년 동안 살고 있다.)

B 문장 속의 <u>밑줄 친</u> '전치사구'가 하는 일을 상자 안에서 골라 번호를 써보세요.

> ① 형용사처럼 명사를 꾸며줌.(이때, 명사 뒤에서 수식함.)
> ② 부사처럼 동사를 꾸며줌.

① The monkey <u>on the tree</u> was happy. → _____
(나무 위의 그 원숭이는 행복했다.)

② John ate a banana <u>in the morning</u>. → _____
(John은 아침에 바나나 하나를 먹었다.)

③ The wind was blowing <u>through the window</u>. → _____
(바람이 창문을 통해서 불고 있었다.)

④ People liked the picture <u>on the wall</u>. → _____
(사람들은 벽에 걸린 그 그림을 좋아했다.)

C 다음 빈칸에 들어갈 수 있는 것을 <u>모두</u> 고르세요.

① Amy usually plays with _____.
① Judy and Sam ② my   ③ them   ④ happy

② Did you hear the news about _____?
① it   ② the game   ③ its   ④ she

③ Mike was waiting for _____.
① we   ② your   ③ his friend ④ him

MH 놀이

익힘 문제풀이

▶ 풀이

전치사는 '~를 따라'는 뜻의 'along' 이에요. 뒤에 명사 'road'와 합쳐서 'along the road(길을 따라)'라는 '전치사구'를 이뤄요.

전치사는 '~와 함께, ~으로'라는 뜻의 'with'이에요. 뒤에 명사구 'a strange hat'과 덩어리를 만들어 전치사구 'with a strange hat'이 돼요.

전치사는 'on(위의)'이고, 뒤에 'Saturdays'가 합쳐서 'on Saturdays(토요일마다)'라는 '전치사구'를 이뤄요.

전치사는 'in(안에)'이고, 뒤에 'the classroom'과 덩어리를 만들어 'in the classroom'이라는 전치사구가 돼요.

전치사는 'in'과 'for(~동안)'이고, 각각 'in London'과 'for ten years'라는 두 개의 전치사구를 만들어요. '전치사구'는 연달아 쓸 수 있어요.

▶ 풀이

전치사구 'on the tree(나무 위의)' 가 형용사처럼 뒤에서 앞의 명사 'monkey'를 꾸며주고 있어요. 그래서 ①번 경우가 돼요.

A 다음 예시처럼 문장 속에서 전치사구를 모두 찾아 동그라미 표시하세요.

① The boys were running (along the road)
  (그 소년들은 길을 따라 달리고 있었다.)

② The man (with a strange hat) bought a few apples.
  (이상한 모자를 쓴 그 남자는 사과 몇 개를 샀다.)

③ Tom and Jed go fishing (on Saturdays)
  (Tom과 Jed는 토요일마다 낚시를 간다.)

④ Mrs. Wilson (in the classroom) was reading the kids a story.
  (교실에 있는 Wilson 선생님이 아이들에게 이야기를 하나 읽어주고 있었다.)

⑤ Paul has lived (in London)(for ten years)
  (Paul은 런던에 십년 동안 살고 있다.)

B 문장 속의 밑줄 친 '전치사구'가 하는 일을 상자 안에서 골라 번호를 써보세요.

> ① 형용사처럼 명사를 꾸며줌.(이때, 명사 뒤에서 수식함.)
> ② 부사처럼 동사를 꾸며줌.

① The monkey <u>on the tree</u> was happy.　　→ ____**①**____
  (나무 위의 그 원숭이는 행복했다.)

② John ate a banana <u>in the morning</u>. → _____**❷**_____
(John은 아침에 바나나 하나를 먹었다.)

바나나를 먹었는데 그 먹은 동작이 언제 일어났는지 전치사구 'in the morning'이 더 자세히 말해주고 있어요. 따라서 이 '전치사구'는 부사처럼 동사를 꾸며주고 있어요.

③ The wind was blowing <u>through the window</u>. → _____**❷**_____
(바람이 창문을 통해서 불고 있었다.)

바람이 불고 있었는데 어디를 통해서 그랬는지 전치사구 'through the window'가 더 자세히 말해주고 있어요. 따라서 전치사구가 부사처럼 동사를 꾸며주는 경우가 돼요.

④ People liked the picture <u>on the wall</u>. → _____**❶**_____
(사람들은 벽에 걸린 그 그림을 좋아했다.)

그림이 어떤 그림인지 전치사구 'on the wall(벽에 걸린)'이 명사 'picture'를 뒤에서 꾸며주고 있어요.

C 다음 빈칸에 들어갈 수 있는 것을 <u>모두</u> 고르세요.

① Amy usually plays with _____.
　❶ Judy and Sam　② my　　❸ them　　④ happy

▶️ 풀이
전치사 다음에는 '전치사의 목적어'로 명사 또는 목적격 대명사를 써줘야 해요. 명사나 목적격 대명사인 것은 ①번과 ③번이에요. 그래서 <Amy는 보통 'Judy와 Sam'과 또는 '그들'과 함께 논다.>는 문장이 될 수 있어요.

② Did you hear the news about _____?
　❶ it　　❷ the game　　③ its　　④ she

전치사의 목적어가 될 수 있는 명사 또는 목적격 대명사를 보기에서 찾아보면 ①번과 ②번이 답이에요. 그래서 <너는 '그것에 관한' 또는 '그 게임에 관한' 뉴스를 들었니?>라는 문장이 될 수 있어요.

③ Mike was waiting for _____.
　① we　　② your　　❸ his friend　　❹ him

전치사의 목적어가 될 수 있는 명사 또는 목적격 대명사는 ③번과 ④번이에요. 그래서 <Mike는 '그의 친구'를 또는 '그'를 기다리고 있었다.>는 문장이 될 수 있어요.

전치사의 종류와 예문

보충수업이에요. 꼭 알아야 할 전치사들을 예문과 함께 잘 익혀둡니다.

전치사는 '장소, 시간, 방향'을 나타내는 세 가지 기본 종류가 있고, 그 외 '방법, 소유' 등을 나타내거나 동사와 한 세트가 되는 경우도 있어요. 다음 전치사들의 뜻과 예문을 여러 번 반복해서 읽으며 익혀봅시다.

● **장소/위치를 나타내는 전치사**

전치사	전치사 뜻	예문
in	～에, ～안에	My uncle lives in New York. (나의 삼촌은 뉴욕에 산다.)
at *주로 'in'보다 좁은 장소	～에	Minho reads books at the library. (민호는 도서관에서 책을 읽는다.)
on *표면이 닿은 경우	～ 위에	The cat is on the table. (그 고양이는 탁자 위에 있다.)
under	～ 아래에	The cat hides under the table. (그 고양이는 탁자 아래에 숨는다.)
over *표면에서 떨어진 경우	～ 위로, 너머로	The horse jumped over the fence. (그 말이 울타리 위로 뛰었다.)
by	～ 옆에	His house was by the river. (그의 집은 강 옆에 있었다.)
in front of *한 낱말 덩어리로 표현	～ 앞에	He stood in front of the building. (그는 건물 앞에 섰다.)
behind	～ 뒤에	Tom sits behind Jane. (Tom은 Jane 뒤에 앉는다.)
between	～ (둘) 사이에	Nancy stood between John and Kate. (Nancy는 John과 Kate 사이에 섰다.)
among	～ (셋 이상) 중에	I saw a house among the trees. (나는 나무 사이로 집 한 채를 보았다.)

● **때/시간을 나타내는 전치사**

전치사	전치사 뜻	예문
in *비교적 긴 시간	～에	We go swimming in summer. (우리는 여름에 수영을 간다.)

at *구체적인 시각	~에	The store opens at 9:30. (그 가게는 9시 반에 문을 연다.)
on *요일, 날짜	~에	They play soccer on Saturday. (그들은 토요일에 축구를 한다.)
after	~ 후에	Sally was happy after the test. (Sally는 테스트 후에 행복했다.)
before	~ 전에	We watch TV before dinner. (우리는 저녁식사 전에 TV를 본다.)
during *특정 기간을 나타내는 명사와 같이 씀	~ 동안	We visited our grandparents during the holidays. (우리는 휴일동안 할아버지 할머니를 방문했다.)
for *구체적인 숫자와 같이 씀	~ 동안	I lived in London for two years. (나는 2년 동안 런던에 살았다.)
from, to	~부터, ~까지	The library opens from Monday to Friday. (그 도서관은 월요일부터 금요일까지 연다.)
until	~까지	He studied until 11 o'clock. (그는 11시까지 공부했다.)
around	약, 대략	They eat lunch around noon. (그들은 대략 정오에 점심을 먹는다.)

● 방향을 나타내는 전치사

전치사	전치사 뜻	예문
up	~ 위로	Ted climbed up the tree. (Ted는 그 나무 위로 올라갔다.)
down	~ 아래로	Harry went down the stairs. (Harry는 계단 아래로 내려갔다.)
into	~ 안으로	The man ran into the building. (그 남자는 건물 안으로 뛰어 들어갔다.)
out of	~ 밖으로	John went out of his house. (John은 그의 집 밖으로 나갔다.)
across	~을 가로질러	We walked across the bridge. (우리는 다리를 가로질러 걸었다.)
along	~을 따라	He ran along the river. (그는 강을 따라 뛰었다.)
around	~ 주위로	This bus goes around the city. (이 버스는 도시 주위를 순환한다(돈다).)
from, to	~부터, ~까지	He ran from his house to school. (그는 그의 집에서부터 학교까지 뛰었다.)

off	~와 떨어져	He took the lid off the bottle. (그는 병뚜껑을 열었다.)
through	~을 통해	The train passes through this tunnel. (열차는 이 터널을 통과한다.)
toward	~쪽으로	They walked toward the station. (그들은 역 쪽으로 걸어갔다.)

● **기타 주요 전치사**

전치사	전치사 뜻	예문
of	~의, ~에 대한	Nora is the sister of my best friend. (Nora는 가장 친한 내 친구의 여동생이다.) It's a story of love. (그것은 사랑에 대한 이야기이다.)
with	~와 함께, ~를 가지고 (도구)	I played with my friends. (나는 내 친구들과 놀았다.) He cut the cake with a knife. (그는 칼로(칼을 가지고) 케이크를 잘랐다.)
without	~없이	They left without Tom. (그들은 Tom 없이 떠났다.)
about	~에 관하여	We talked about the new movie. (우리는 그 새 영화에 관해 얘기했다.)
like	~처럼	The baby was pretty like a doll. (그 아기는 인형처럼 예뻤다.)
by	~로 (방법, 수단)	We traveled by train in Europe. (우리는 유럽에서 열차로 여행했다.)

● **숙어, 관용표현**

전치사가 특정 동사와 항상 붙어 다니는 경우도 있어요. 이런 말을 '숙어, 관용표현'이라고도 해요.
(※숙어: 습관처럼 굳어진 말 덩어리)

전치사	전치사 뜻	예문
believe in	~을 믿다	They believe in their leader. (그들은 그들의 지도자를 믿는다.)
belong to	~에 속하다 (~의 것이다)	The puppy belongs to Sophia. (그 강아지는 Sophia의 것이다.)
listen to	~을 듣다	I listened to the new song. (나는 그 새로운 노래를 들었다)
look after	~를 돌보다	Danny looks after his sister. (Danny는 그의 여동생을 돌본다.)
look at	~을 보다	They looked at the picture. (그들은 그 그림을 봤다.)

MH 놀이
▶ 개념영문법 ❷

부록

목차로 한눈에 정리하는

개념 총복습

MH놀이
▶ 개념 영문법 ❷ [문장의 종류 · 조동사 · 시제 개념]

쌤놀이 준비운동 ❶ 〈N-V-N 원리〉란 게 뭐예요?

> 〈N-V-N 원리〉란 영어 문장 구성 원리. 〈명사①+동사+명사②〉 형태
> 가 영어 문장을 이루는 '기본 틀'이고, 우리말로 '무엇이 무엇을 어찌
> 하다.'라는 뜻.

쌤놀이 준비운동 ❷ 말 끝맺음이 다르면 어떤 차이가 생기나요?

> 말 끝맺음은 '표현 방식'으로 이 표현 방식에 따라 문장의 종류가 평
> 서문, 의문문, 부정문, 명령문, 감탄문 5가지 종류로 나뉨.

1. 일반동사는 있는데 특별동사는 없나요?

쌤놀이 ❶ 일반동사의 인칭과 시제 표현

> 평서문을 쓸 때, 주어가 '복수/1인칭/2인칭'일 때 일반동사 현재형은
> 동사 원형. 주어가 '3인칭 단수'일 때는 동사에 –s를 붙임. 과거를 표
> 현할 때는 동사에 –ed를 붙임.

쌤놀이 ❷ Be동사의 인칭과 시제 변화표

> '무엇이 어떠하다'와 '무엇이 무엇이다'를 표현할 때는 특별동사인
> Be동사를 쓰는데, 주어가 인칭대명사일 때는 Be동사 변화표에 맞추
> 어 써야 함.

*현재형은 축약할 수 있음
I am → I'm / You are → You're / He is
→ He's / We are → We're / You are →
You're / They are → They're

쌤놀이 ❸ Be동사의 주의사항 세 가지

> ①Be동사의 과거형은 축약할 수 없고, ②its(그것의)와 it's(it is)를
> 헷갈리면 안 되고, ③Be동사와 일반동사를 같이 쓰면 안 됨.

*과거형일 때 They're~ (X) → They were~
 (O)
*I am like pizza. (X) → I like pizza. (O)

조금 더 알아봐요! 주어(명사)와 동사의 '수 일치'가 무슨 말이에요?

> 주어-동사의 수 일치 규칙은 주어가 3인칭 단수동사 현재형일 때만
> 해당됨. S—No-S 패턴을 기억할 것.

*A monkey eats. (주어 No-s, 동사 s)
*Monkeys eat. (주어 s, 동사 No-s)

2. 묻는 문장에서 Be동사와 일반동사 규칙이 왜 달라요?

쌤놀이 ❶ Be동사 의문문 규칙

〈Yes/No 의문문〉에서 Be동사 문장은 Be동사와 주어의 위치를 바꾸고 끝에 물음표만 붙이면 됨.

*You are happy. → Are you happy?
(대답: Yes, I am. / No, I am not.)

쌤놀이 ❷ 일반동사 의문문 규칙

평서문의 어순을 그대로 쓰고 조동사 Do/Does/Did를 앞에 추가함. 동사는 원형으로 바꾸고 끝에 물음표를 붙임.

*Tom likes pizza. → Does Tom like pizza?
(대답: Yes, he does. / No, he doesn't.)

쌤놀이 ❸ 조동사 Do의 활용법

인칭과 단수/복수, 현재/과거에 따라 Do(현재형, 1인칭/2인칭/복수일 때), Does(현재형, 3인칭), Did(과거형일 때 모두)를 선택해서 써줘야 함.

*Do you like music?(현재, 2인칭)
*Does Tom like music?(현재, 3인칭 단수)
*Did they like music?(과거, 3인칭 복수)

조금 더 알아봐요! 동사 개념 꽉잡기 ① – '시제'가 정확히 뭐예요?

'시제'란 '시간을 표현하는 법'. 동사는 동사 원형, 현재형, 과거형, 과거분사형, 현재분사형 5가지로 변함으로써 시제를 표현함.

*규칙동사의 시제 변화
cook(원형)–cooks(현재형)–cooked(과거형)–cooked(과거분사형)–cooking(현재분사형)

3. 부정하는 문장도 Be동사와 일반동사 규칙이 다르네요?

쌤놀이 ❶ Be동사의 부정문 규칙

부정문은 '부정하는 말 바로 앞'에 'not'을 붙이는데, 상태나 정체를 나타내는 Be동사 문장은 '상태'나 '정체' 바로 앞에 not을 써줌. not을 줄여 쓸 수 있음.

*You are not happy.(happy가 '상태'이므로 happy 앞에 not을 붙임.)
→ You're not happy.=You aren't happy.(줄임형)

쌤놀이 ❷ 일반동사의 부정문 규칙

일반동사 문장에서 부정하는 말은 일반동사이지만, 일반동사의 '뜻만' 부정해야 하므로 시간이나 인칭 표현 등 동사가 '하는 일'은 조동사(do/does/did)가 대신 해주고, 일반동사는 동사 원형으로 바꿔줌.

*She likes salad. → She does not like salad.(일반동사 like는 '좋아하다'라는 뜻도 갖고 있으면서 인칭, 시제도 표현. 부정문, 의문문으로 바꿀 때는 조동사 Do가 인칭과 시제를 대신 표현해줌.)

쌤놀이 ❸ 부정 대답의 줄임형

> Be동사/일반동사 문장으로 부정 대답을 할 때 줄여 쓸 수 있지만, '주어가 명사일 때'는 주어와 Be동사를 줄여서 쓰지 않고, 주어가 대명사라도 주어와 'Be동사의 과거형'은 줄여 쓰지 않음.

*I don't like pizza.(O)
*No, she's not.(O)
*Mary is her friend. → Mary's (X)
*They were happy. → They're (X)

조금 더 알아봐요! "네, 안 그래요."는 "Yes, I'm not." 아닌가요?

> 부정의문문("너 배 안 고프니?" 형태)으로 물었을 때 "그렇다"면 무조건 "Yes", "아니다"면 무조건 "No". 긍정과 부정을 섞어 쓰지 않음을 기억할 것.

*Yes, I am not. (X) → No, I am not. (O)
*No, I am. (X) → Yes, I am. (O)

4. 'There is a bird.'에서 'There'의 정체가 뭐예요?

쌤놀이 ❶ 가짜 주어를 쓰는 문장들

> '특별히 정해지지 않은 불특정한 대상이 있다/없다'를 나타낼 때 〈There is/are ~.〉 문장을 쓰고, '시간/날씨/거리' 등을 나타낼 때 〈It is ~.〉 문장을 씀.

쌤놀이 ❷ There is~ 문장의 규칙

> There 다음의 'is/are'는 Be동사 바로 뒤 명사의 수에 따라 결정. 부정문은 〈There + is/was/are/were + not ~.〉, 의문문은 〈Is/Was/Are/Were + there + 단수/복수 명사?〉

*There is a puppy.(평서문)
*There is not a book.(부정문)
*Are there toys in the box?(의문문)
 (대답: Yes, there are. / No, there aren't.)

쌤놀이 ❸ It is~ 문장의 규칙

> 비인칭주어 it은 아무 뜻 없는 '가짜 주어'. 시간, 계절, 요일, 날짜, 날씨, 거리, 명암 등을 나타낼 때 씀.

*It is cold today.(평서문)
*It is not cold today.(부정문)
*Is it cold today?(의문문)

조금 더 알아봐요! 동사 개념 꽉잡기 ② – 동사가 하는 일 세 가지

> 동사는 '주어와 수 일치(단수/복수)', '시간 표현(시제)', '능동/수동'을 표현하는 역할을 함.

5. 의문사는 뭐예요? 또 다른 품사인가요?

쌤놀이 ❶ 의문사 의문문의 규칙

구체적인 정보를 물어볼 때는 뭘 묻는지를 나타내는 의문사를 제일 앞에 써서 '의문사 의문문'으로 물어봄.

*의문사 ┃ Be동사 ┃ 주어 ~?
*의문사 + do/does/did + 주어 + 동사원형 ~?

쌤놀이 ❷ 의문사의 종류와 예문

①Who(누구, 누구를) ②What(무엇, 무엇을) ③When(언제)
④Where(어디에(서)) ⑤Why(왜) ⑥ How(어떠한, 어떻게)

*Who are they?
*What is this?
*When is your birthday?
*Where is my umbrella?
*Why is John sad?
*How is the weather?

쌤놀이 ❸ 대명사, 형용사, 부사가 될 수 있는 의문사

'Who'와 'What'은 의문사 자체가 문장의 주어가 될 수 있음. 또 의문사가 명사 앞에서 형용사처럼 쓰이는 경우도 있음.

*Who threw the stone?(누가: 주어)
*What changed your mind?(무엇이: 주어)
*What sports do you like?
  (어떤, 무슨: 형용사)

조금 더 알아봐요! 주어로 쓰인 'Who'는 몇 인칭이에요?

의문사가 문장의 주어일 때는 조동사 do를 쓰지 않음. Who/What 은 3인칭으로 치므로 현재형일 때는 꼭 단수 동사를 씀.

*누가 창문을 깼니?
→ Who did break the window? (X)
→ Who broke the window? (O)

6. '얼마 정도나 그러냐?'는 어떻게 말해요?

쌤놀이 ❶ 'How~?'와 'How many/much~?'

'얼마 정도나 ...인지'를 물을 때는 'How' 바로 뒤에 '형용사/부사' 를 붙이거나(얼마나 ~한) 'many/much+명사'를 붙임(얼마나 많은 수/양의~).

쌤놀이 ❷ 'How+형용사/부사~?' 의문문

How old(얼마나 오래된, 몇 살인), How tall(얼마나 키가 큰), How often(얼마나 자주), How long(얼마나 긴, 얼마나 오랫동안) 등

*How old is the museum?
(대답: It is a hundred years old.)

쌤놀이 ❸ 'How+many/much+명사~?' 의문문

> How many 다음에는 셀 수 있는 복수명사를 쓰고,
> How much 다음에는 셀 수 없는 명사(단수형)를 씀.

*How many eggs did you eat?
*How much water do we have?('water'는 셀 수 없는 명사임)

한번 더 기억해요! 'How+형용사/부사~?' 의문문 익히기

> ☞ 〈How+형용사/부사 의문문의 예문 익히기〉 복습하기.(96쪽)

7. '간접' 목적어가 '에게' 목적어라고요?

쌤놀이 ❶ 4형식 문장의 뼈대

> 〈누가 누구에게 무엇을 어찌하다.〉가 4형식 문장의 뼈대. 〈주어+동사+간접 목적어+직접 목적어〉 형태.

*나 Susan에게 반지를 줬어.(4형식)

쌤놀이 ❷ '에게'는 간접목적어, '을'은 직접목적어

> 4형식은 목적어가 2개. 직접 준 사물 '~을'은 직접 목적어, '~에게'는 간접 목적어.

*I gave Susan a ring.
→'Susan(에게)'는 간접 목적어, 'a ring(을)'은 직접 목적어

쌤놀이 ❸ 대표적인 4형식 동사

> 모든 동사를 4형식 문장에 쓸 수는 없고, '누구에게 뭔가를 전달하는 뜻'을 가진 동사만 쓸 수 있음. 4형식 동사는 3가지 유형으로 나눌 수 있음.

〈4형식 문장〉
*Henry showed Ben his bike.(1형)
*Dad made me a toy.(2형)
*Tom asked her a question.(3형)

조금 더 알아봐요! 4형식을 3형식으로 왜 바꿔요?

> '누구에게'를 강조하기 위해, 또는 직접목적어가 대명사이면 4형식으로 쓰지 않기 때문에 4형식을 3형식 문장으로 바꾸는데, 바꿀 때 쓰는 전치사의 종류에 따라 4형식 동사를 3가지로 구분함. (to, for, of)

〈4형식을 3형식으로 바꾼 문장〉
*Henry showed his bike to Ben.
*Dad make a toy for me.
*Tom asked a question of her.

8. 목적어를 '보충설명' 한다는 게 무슨 말이에요?

쌤놀이 ❶ 5형식에는 2차 주인공이 등장한다

〈1차 주인공이 2차 주인공이 어떠하도록/무엇이도록 뭘 했다.〉가 5형식 문장의 형태. "Sam은(1차 주인공-주어) 우리를(2차 주인공-목적어) 행복하게 만들었다."

*Sam은 만들었다 우리를 행복하게
 (주어) (동사) (목적어)   ?

쌤놀이 ❷ 2차 주인공의 상태/정체 표현하기

5형식에서 목적어 뒤의 말은 '2차 주인공(목적어)의 상태/정체'를 표현하는 '목적어의 보어 역할'을 해줌.

*Sam은 / 만들었다 / 우리를 / 행복하게
                        (2차 주인공(우리)의 상태/정체) ↵

쌤놀이 ❸ 5형식 문장의 목적격 보어

문장의 목적어를 보충 설명해주는 목적격 보어가 있는 문장을 5형식이라 하고, 5형식 문장은 〈주어+동사+목적어+목적격 보어〉 형태임. 보어는 명사나 형용사.

*We call Sam Mr. Good.
*We elected Sam class president.
*That made Bob angry.

조금 더 알아봐요! 동사 개념 꽉잡기 ③ - '현재분사, 과거분사'가 뭐예요?

'분사'란 '동사의 부분'으로 만들어진 말. 현재분사는 현재형을 닮았고 (cooking) 진행의 상황을, 과거분사는 과거형을 닮았고(cooked) 완료된 상황을 표현.

*현재분사형 만들기(철자에 따라 다름)
study→studying / make→making /
die→dying / swim→swimming

9. 동사를 도와주는 동사도 있어요?

쌤놀이 ❶ 의미 보충을 돕는 조동사

'문장 완성'을 위해 쓰는 do/be/have 조동사 외에 '의미 보충'을 돕는 조동사가 있는데, 그 중 'will'은 '미래의 의미'를 표현함.

쌤놀이 ❷ 조동사 will, can, may, must, should

조동사를 쓴 문장도 평서문, 부정문, Yes/No 의문문, 의문사 의문문을 만드는 방법이 있음. will, can, may, must, should 모두 같은 규칙이 적용됨.

*I will go.(평서문)
*I will not(won't) go.(부정문)
*Will you go?(Yes/No 의문문)
*Where will you go tomorrow?(의문사 의문문)

쌤놀이 ❸ 조동사를 대체하는 표현

조동사를 두 개 이상 연달아 쓸 수 없기 때문에 대체 표현을 알아둬야 함. can=be able to(가능), will=be going to(미래), must=have to(의무: ~해야 한다). 이런 조동사는 인칭/수 상관없이 같은 형태.

*넌 일찍 일어나야(의무) 할 거야(미래).
→ You will must get up early. (X)
→ You will have to get up early. (O)
*Susan cans play the piano. (X)
→ Susan can play the piano. (O)

조금 더 알아봐요! 조동사 can, may, must, should의 의미 정리

☞ 〈조동사 can, may, must, should의 의미 정리〉 복습.(132쪽)

10. '진행 시제'가 〈미래〉도 나타낸다고요?

쌤놀이 ❶ '현재형' 시제의 진실

현재형 시제는 '지속적이고 반복적인 일'을 표현할 때 더 많이 씀. 특정한 순간에 그렇게 행동하고 있는 걸 나타낼 때는 '진행형'을 씀.

*Betty is bad.(현재형 → 항상 나쁨)
*Today Betty is being good.(진행형 → 오늘은 착하게 하고 있음)

쌤놀이 ❷ 진행 시제 쓰는 규칙

진행 시제 평서문은 〈주어+Be동사+동사원형+ing〉, 부정문은 〈주어+Be동사+not+동사원형+ing〉

*I am playing.(평서문)
*She isn't reading a book.(부정문)

쌤놀이 ❸ 진행 시제가 쓰이는 상황

진행 시제는 '특정 순간에 진행 중인 동작', '최근에 일어나고 있는 일', '가까운 미래'에 일어날 일을 표현할 때 씀. 진행형을 쓰지 않는 동사도 있음에 주의.(know, believe, like, hate, have 등)

*We are reading a book.(현재진행)
*I will be doing it.(미래진행)
*I'm learning Japanese.(최근 일)
*She is visiting her grandma this weekend.(가까운 미래)

한번 더 기억해요! 현재분사 형태 익히기

대부분의 동사는 〈동사원형+ing〉. '-e'로 끝나는 동사는 e를 없애고 -ing, '-ie'로 끝나는 동사는 ie를 y로 바꾸고 -ing, '-단모음+단자음' 으로 끝나는 동사는 마지막 자음을 한 번 더 쓰고 -ing를 붙임.

*〈-e〉 make→making, have→having
*〈-ie〉 die→dying, lie→lying
*〈-단모음+단자음〉 sit→sitting, run→running, stop→stopping

11. '완료 시제'인데 왜 '계속'되는 일을 나타내요?

쌤놀이 ❶ '완료 시제'라는 시간 표현법

'과거에 벌어진 일이 지금까지 영향을 미쳐서 현재 상황이 이렇게 되었다'는 걸 표현하는 것이 현재완료 시제. 완료 시제는 두 가지 시점을 동시에 묶어줌.

쌤놀이 ❷ 완료 시제를 쓰는 규칙

평서문은 〈주어+have+과거분사형 ~.〉, 부정문은 〈주어+have+not+과거분사형 ~.〉, Yes/No 의문문은 〈Have+주어+과거분사형 ~?〉, 의문사 의문문은 〈의문사+have+주어+과거분사형 ~?〉

*I've played ~. (평서문)
*She hasn't made ~. (부정문)
*Have you been ~? (의문문).
 (대답: Yes, I have. / No, I haven't.)

쌤놀이 ❸ 현재완료 시제의 세 가지 의미

현재완료 시제는 ①최근에 '완료'된 일, ②과거부터 지금까지 '경험'한 일, ③과거부터 지금까지 '계속'되는 일 등을 표현함.

*I have lost my key.(완료/결과)
*I have seen the movie twice.(경험)
*It has rained since Monday.(계속)

조금 더 알아봐요! 현재완료 시제 추가 예문 / 과거분사 형태 익히기

☞ 〈현재완료 시제 추가 예문〉과(156쪽) 〈과거분사 형태 익히기〉를 (158쪽) 복습해볼 것.

12. 시키는 말, 놀라는 말을 어떻게 표현한다고요?

쌤놀이 ❶ 명령문과 제안문 규칙

명령문은 '뭔가를 시키는 말'이고 감탄문은 '놀라는 말'. 명령문은 또, '시키는 문장(명령문)'과 '제안하는 문장(제안문)'으로 나뉨. 부정 명령문에 'Never'를 쓰면 '절대 ~하지 마라'로 뜻이 강조됨.

*Be quiet.(긍정 명령문)
*Let's be friends.(긍정 제안문)
*Don't be late.(부정 명령문)
 → Never be late.(강조)
*Let's not go there.(부정 제안문)

쌤놀이 ❷ 명령문 다음에 'and'나 'or'가 오면

〈명령문+and+주어+동사〉는 '...해라, 그러면 ~', 〈명령문+or+주어+동사〉는 '...해라, 그렇지 않으면 ~'의 뜻.

*Study hard, and you will get a good grade.
*Hurry up, or you will miss the bus.

쌤놀이 ❸ 감탄문 규칙

형용사나 부사가 강조되는 감탄문은 〈How+형용사/부사+(주어+동사) !〉, 명사가 강조되는 감탄문은 〈What+(a/an)+형용사+단수/복수명사+(주어+동사) !〉 형태.

*How lucky (he is)! → 형용사 강조
*What a nice watch (you wear)!
→ 명사 강조

조금 더 알아봐요! 부가 의문문, 이것도 의문문인가요?

"그렇지?/그렇지 않니?"처럼 묻는 말이 '부가 의문문'. 평서문, 부정문, 명령문 끝에 'do you? / are you? / aren't you? / does she? / can't he?' 등의 말을 붙임. 앞쪽이 긍정형이면 뒤쪽은 부정형, 앞쪽이 부정형이면 뒤쪽은 긍정형. 부정형은 항상 줄임형. 답은 Yes/No로.

*It is Monday, isn't it?
(대답: Yes, it is. / No, it isn't.)
*You like music, don't you?
(대답: Yes, I do. / No, I don't.)
*Mary can't swim, can she?
(대답: Yes, she can. / No, she can't.)

13. 명사를 셀 수 있고 없고가 왜 중요해요?

쌤놀이 ❶ 고유명사, 물질명사, 추상명사

복수 형태가 있는 명사들은 '셀 수 있는 명사'이고, 고유명사, 물질명사, 추상명사는 '셀 수 없는 명사'. 셀 수 없는 명사는 'a/an'을 붙이지 않고 '-(e)s'도 안 붙임.

*John, Seoul...(고유명사)
*water, sugar, money...(물질명사)
*love, hope, time...(추상명사)
*a water(X), two waters(X)

쌤놀이 ❷ 물질명사를 세는 기준, 단위명사

셀 수 없는 물질명사는 '단위명사'를 복수로 씀. 단위명사는 '물 한 컵', '케이크 두 조각'처럼 각 명사마다 쓰는 표현이 정해져 있음.

*a cup of water / two cups of water
*a piece of cake / two pieces of cake

쌤놀이 ❸ 물질명사의 수량 표현

명사를 셀 수 있고 없고가 중요한 이유는 주어와 동사의 '수 일치' 때문. 또한 앞에서 언급한 명사를 뒤에서 대명사로 바꿔 쓸 때, 단수/복수를 알아야 '대명사를 결정'할 수 있음.

*The water in the jar was warm.(water가 셀 수 없는 명사→단수)
*I drank two glasses of juice. They were really fresh.(단위명사를 복수로 썼기 때문에 뒤에 복수 대명사를 씀)

조금 더 알아봐요! 형용사 'many'는 셀 수 없는 명사 앞에 못 써요?

수를 나타내는 형용사 'many, a few, few'는 셀 수 있는 명사 앞에, 양을 나타내는 형용사 'much, a little, little'은 셀 수 없는 명사 앞에 씀. 'a lot of'는 둘 다에 쓸 수 있음.

*many books (O), much books (X)
*much water (O), many water (X)
*a lot of books (O), a lot of water (O)

14. 대명사가 또 형용사도 된다고요?

쌤놀이 ❶ 소유격 인칭 대명사의 형용사 역할

'my(나의), your(너의), his(그의), her(그녀의)' 등 소유격 인칭 대명사는 명사 앞에서 명사를 꾸며주는 형용사 역할을 함.

*Harry has a dog. People like his dog.
(그의 개 → 'his'가 'dog'를 꾸며줌)

쌤놀이 ❷ 지시 대명사의 형용사 역할

지시 대명사 'this, that, these, those' 바로 뒤에 명사가 올 경우, 이 낱말들이 형용사 역할을 하므로 '지시 형용사'라고 부름.

*This is a puppy.(지시 대명사 – 주어)
*These puppies are cute.(지시 형용사 – 수식어)

쌤놀이 ❸ 부정 대명사의 형용사 역할

'some, other, another'와 같은 부정 대명사도 바로 뒤에 명사가 오면 대부분 형용사 역할을 함.

*Some are white, and others are black.
(대명사 – 주어)
*He sent me some flowers.
(형용사 – 수식어)

조금 더 알아봐요! 재귀 대명사요? '재귀'는 또 무슨 말이에요?

'myself, yourself, himself, herself, itself, ourselves, yourselves, themselves'와 같이 스스로를 일컫는('~ 자신') 대명사를 '재귀 대명사'라고 함. 생략이 가능한 경우와 가능하지 않은 경우가 있음.

*Tom teaches himself.(재귀대명사가 목적어로 쓰임 → 생략 불가)
*He himself drew the picture.(재귀대명사가 강조 의미로 쓰임 → 생략 가능)

15. 형용사는 꾸며주기만 하는 거 아니에요?

쌤놀이 ❶ 형용사가 명사를 뒤에서 꾸며주는 경우

형용사가 명사를 '수식'하는 경우는 '한정적 용법'. 형용사가 명사 뒤에서 수식하는(꾸며주는) 경우는 첫째, 형용사가 두 개 이상이면서 접속사로 연결되어 있을 때. 둘째, 형용사 뒤에 수식 어구가 붙어 길어질 때.

*The man, hungry and thirst, walked slowly.('and'로 연결-명사 뒤에서 꾸며줌)
*The boy late for school ran fast.('학교에 늦은 그 소년'-명사 뒤에서 꾸며줌)

쌤놀이 ❷ 형용사의 서술적 용법

형용사가 주어나 목적어의 상태를 '보충 설명'하는 경우는 '서술적 용법'. 이 경우는 형용사가 수식어 역할이 아니라 '보어 역할'을 함.

*The girl is happy.(2형식 문장의 보어)
*He made the girl happy.(5형식 문장의 목적격 보어)

쌤놀이 ❸ 형용사가 '감각동사'와 쓰이는 경우

'~해 보인다, ~처럼 들린다, ~한 냄새가 난다' 등을 표현할 때 나오는 동사가 감각동사. 감각동사 뒤에는 상태를 보충 설명해주는 형용사가 옴. 부사는 올 수 없음.

*He looks nice.
*His voice sounded angry.
*Lemons taste sour.
*Tom feels good now.
*This hat looks nicely. (X)

조금 더 알아봐요! 형용사가 여러 개면 어떤 순서로 써야 해요?

형용사가 여러 개 겹쳐져서 수식할 때 형용사 단어들의 나열 순서는 〈①수량 ②대소 ③모양 ④성질/상태 ⑤신/구 ⑥색깔 ⑦재질〉 의미 순서. 명사를 수식하는 품사들이 겹칠 때는 〈①관사/지시형용사/소유격 ②부사 ③형용사 ⑦명사〉 순서.

*We have two big old wooden tables.
(수량 → 대소 → 신/구 → 재질)
*He sold this very large diamond.
(지시형용사 → 부사 → 형용사 → 명사)

16. 부사는 오지랖이 참 넓다고요?

쌤놀이 ❶ 동사의 동작을 수식하는 부사

부사는 첫째, 동사의 동작이 '어떻게' 일어났는지 수식해주고 둘째, 동사의 동작이 '언제, 어디서, 얼마나 자주' 일어났는지 말해줌.

*Grandma cooks quietly.(어떻게)
*Billy played outside today.(어디서, 언제)

쌤놀이 ❷ 형용사, 다른 부사, 문장 전체를 수식하는 부사

부사는 셋째, 형용사나 다른 부사가 '얼마 정도나 그런지' 알려주고 넷째, '문장 전체'를 수식해줌.

*It was very cute.(형용사 수식)
*The snail moved too slowly.
(다른 부사 수식)
*Luckily, I didn't miss the bus.
(문장 전체 수식)

쌤놀이 ❸ '빈도부사', 형용사와 형태가 같은 부사

어떤 일이 얼마나 자주 일어나는지 횟수를 나타내는 부사를 '빈도부사'라고 함. 빈도부사는 다른 부사와 다르게 문장 안에서 딱 정해진 위치가 있음. ('Be동사/조동사 뒤', '일반동사 앞'에만 올 수 있음.)

*always / usually / often / sometimes / hardly / never → 빈도부사
*She is sometimes lonely.(Be동사 뒤)
*He will always love her.(조동사 뒤)
*He often takes a walk.(일반동사 앞)

조금 더 알아봐요! '-ly'로 끝났는데 부사가 아니에유?

'-ly'로 끝나지만 형용사인 낱말들을 기억해둘 것.

*friendly(친근한), lovely(사랑스러운), timely(때를 맞춘), fatherly(아버지 같은), cowardly(비겁한), lonely(외로운) 등

17. 전치사도 목적어를 가진다고요?

쌤놀이 ❶ 형용사나 부사처럼 쓰이는 전치사구

전치사구는 형용사처럼도 쓰이고 부사처럼도 쓰임. 전치사구는 〈전치사+명사(구)〉이지만, 바로 뒤에 항상 명사가 오는 것은 아니고, 대부분 〈전치사+관사+(형용사)+명사〉 형태로 씀. 중심어가 명사라 명사구.

*The monkey on the tree was happy.(전치사+관사+명사 → 전치사구: '나무 위에 있는'–형용사 역할)

쌤놀이 ❷ 전치사의 목적어

전치사 뒤에 오는 말을 대명사로 바꿀 때는 주격 대명사가 아니라 '목적격 대명사'를 써줌. 이때 목적어는 '목적'의 의미가 아니라 동작을 받는 '대상'.

*He plays with his friends.
*He plays with they. (X)
*He plays with them. (O)

쌤놀이 ❸ 전치사는 그냥 반복해서 외우는 게 핵심

전치사 배우기의 핵심은 낱말의 뜻을 그냥 받아들이고 여러 번 반복해서 기억하는 게 핵심. 논리로 설명할 수 있는 부분이 아님.

조금 더 알아봐요! **전치사의 종류와 예문**

☞〈전치사의 종류와 예문〉을 여러 번 반복해서 익혀둘 것.(230쪽)

초등영어 문장만들기가 먼저다

박광희 · 캐나다 교사 영낭훈 연구팀 지음 | 총 7권 | 각 권 9,800원

초등영어, 문장 만들기에 집착하세요!
직접 만들어 본 문장은 쉽게 잊히지 않습니다.

문장 만들기가 되는 아이
- 말하고 글쓰기에 거침이 없습니다.
- 자유자재로 응용이 가능해 영어가 무한대로 확장됩니다.
- 본격 문법 공부할 때 이해가 빠릅니다.

문장 만들기가 안 되는 아이
- 말하기, 글쓰기가 안 되니 영어에 자신감이 없습니다.
- 기본 문장 만들기가 안 되니 문장 확장이 안 됩니다.
- 문법 공부가 어렵고 지루합니다.

영어단어 그림사전

케빈 강 지음 | 254쪽 | 16,000원

눈에 보이는 모든 것들의 영어 이름

🏷 생활 속 사물들의 영어 이름을 체계적으로 정리한 2,115단어

🏷 같은 사물의 미국식 표현과 영국식 표현도 익혀보는 재미!

🏷 모든 단어에 발음기호 표기, 미국식 영국식 발음 녹음!

🏷 〈47개 발음기호 읽는 법〉 특강 수록